国家级在线精品课程配套教材
"十四五"职业教育河南省规划教材

U0649741

汽车传感器
原理与检测

主　编　徐增勇　程　赟　赵　岩
副主编　孙晓山　刘会会
主　审　张季萌

QICHE
CHUANGANQI
YUANLI
YU JIANCE

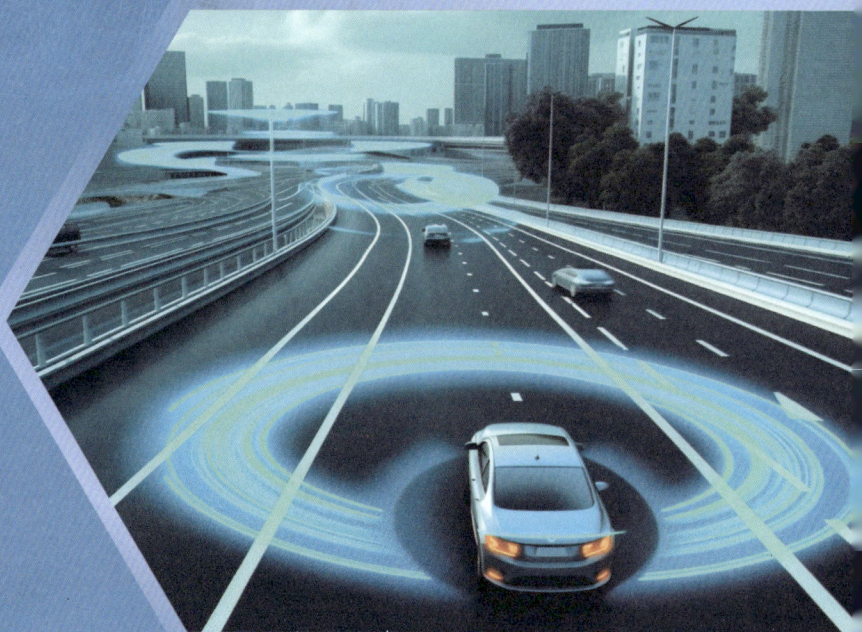

人民交通出版社
北京

内 容 提 要

本书是国家级在线精品课程配套教材、"十四五"职业教育河南省规划教材。教材内容涵盖汽车传感器的核心领域,包括发动机系统传感器、车身电气系统传感器、驱动电机系统传感器、动力蓄电池系统传感器、环境感知系统传感器以及定位与惯性导航传感器,全面系统地讲解了各类传感器的工作原理、结构特点、检测方法等。每个学习任务按照任务导入、任务资讯、任务实施、任务评价、任务总结和课后练习进行教学闭环设计。

本书可作为职业院校智能网联汽车技术专业的教学用书,也可作为智能网联汽车测试装调职业技能等级证书考证培训用书,还可作为企业技术培训资料和汽车爱好者的科普读物。

本书配有教学课件,教师可通过加入汽车高职教学研讨群(QQ:64428474)获取。

图书在版编目(CIP)数据

汽车传感器原理与检测/徐增勇,程赟,赵岩主编.
北京:人民交通出版社股份有限公司,2025.1.
ISBN 978-7-114-20270-4

Ⅰ. U463.6

中国国家版本馆 CIP 数据核字第 2025YN1609 号

书　　　名:	**汽车传感器原理与检测**
著 作 者:	徐增勇　程　赟　赵　岩
责 任 编 辑:	时　旭
责 任 校 对:	龙　雪
责 任 印 制:	张　凯
出 版 发 行:	人民交通出版社
地　　　址:	(100011)北京市朝阳区安定门外外馆斜街 3 号
网　　　址:	http://www.ccpcl.com.cn
销 售 电 话:	(010)85285911
总 经 销:	人民交通出版社发行部
经　　　销:	各地新华书店
印　　　刷:	北京市密东印刷有限公司
开　　　本:	787×1092　1/16
印　　　张:	12.25
字　　　数:	283 千
版　　　次:	2025 年 1 月　第 1 版
印　　　次:	2025 年 1 月　第 1 次印刷
书　　　号:	ISBN 978-7-114-20270-4
定　　　价:	49.00 元

(有印刷、装订质量问题的图书,由本社负责调换)

　　随着汽车工业向智能化、电动化、网联化方向高速发展,汽车传感器已成为现代汽车实现环境感知、状态监控、系统控制的核心部件。从传统燃油汽车的进气压力传感器,到新能源汽车的蓄电池温度传感器,再到智能网联汽车的激光雷达,传感器技术的革新不断推动着汽车性能的突破与安全性的提升。为落实国务院印发的《教育强国建设规划纲要(2024—2035年)》《智能汽车创新发展战略》精神,适应我国汽车产业转型升级,满足汽车技术人才培养需求,本教材据此编写而成。本教材为职业教育国家在线精品课程配套教材,依据高等职业学校教学标准与人才培养方案,以及"1+X"证书考核要求,立足高等职业教育"岗课赛证"融通培养理念,紧密对接智能新能源汽车产业需求,构建符合现代汽车维修岗位需求的"理虚实"一体化教学体系。

　　本教材具有以下特色:

　　1.项目引领,能力递进,构建全链条知识体系

　　教材兼顾传统汽车与智能网联汽车传感器的知识,构建从经典技术到前沿智能技术的全链条知识体系。每个项目从真实维修任务导入,以"工作原理—检测方法—智能运用—创新应用"为逻辑脉络,模拟真实场景设计任务,形成理论与实践紧密结合的教学模式。

　　2.技术前沿,思政融入,紧跟行业迭代更新

　　教材紧跟行业技术迭代,特别增设新能源汽车传感器(如旋转变压器)、智能网联汽车传感器(如毫米波雷达、激光雷达和定位与惯性导航)等新类型传感器,教材内容有机融入思政元素。

3.虚实结合,资源立体,打造三位一体生态

教材配套国家级精品在线课程,通过登录网址(HTTPS://MOOC. ICVE. COM. CN/LEARNING/U/TEACHER/TEACHING/MOOC_ GUID-ANCE. ACTION? COURSEID = 96C86A780AFA4D459BFBE8CDE3A36D7 C&PHASE = 2&FLAGCOURSE = NEWEST&TYPE = 2)即可实现观看传感器结构分解和典型应用,配套的微课视频涵盖进气压力传感器检测、旋变传感器检测和激光雷达检测与标定等重难点技能,形成"纸质教材 + 数字资源 + 虚拟仿真"三位一体的学习生态,并同步提供课程标准、试题库帮助教师开展混合式教学。

4.标准对接,书证融通,对接职业技能要求

教材内容深度对接汽车维修工国家职业技能标准、智能网联汽车装调运维员国家职业标准和汽车类专业教学标准,以及"1 + X"证书考核要求。每个项目的任务实施采用工单式编写方式,体现不同传感器的测试方法和拆卸与安装流程。

本教材由河南交通职业技术学院徐增勇、程赟、赵岩担任主编,新星职业技术学院孙晓山、河南交通职业技术学院刘会会担任副主编,河南交通职业技术学院张磊、冷俊辉及河南威佳汽车贸易集团有限公司王正担任参编。具体分工如下:徐增勇负责全书的统筹规划和编写项目四;程赟负责各项目具体任务规划和编写项目五学习任务一~三;赵岩编写项目二;孙晓山对教材的配套资源建设给予了大量帮助,并编写项目五学习任务四;刘会会编写项目六;张磊编写项目三;冷俊辉编写项目一学习任务一;王正负责教材中实践任务选取和实践情景设置并编写项目一学习任务二。

本书在编写过程中,获得宇通、上海大众、比亚迪等知名企业技术支持,编者引用了汽车企业的维修手册和技术资料,在此向相关企业表示衷心感谢! 同时编者参考、引用和改编了国内外出版物中的相关资料以及网络资源,在此表示深深的谢意!

由于编者水平有限,书中难免有疏漏和错误之处,恳请广大读者提出宝贵建议,以便编者进一步修改和完善。

编 者

2025 年 1 月

数字资源(二维码)索引

序号	二维码	名称	页码	序号	二维码	名称	页码
21		测量动力蓄电池电流传感器	78	31		激光雷达点云数据	126
22		蓄电池管理系统的工作原理	83	32		激光雷达应用实例	130
23		吉利纯电动汽车故障诊断仪的使用	85	33		视觉传感器成像原理及应用	140
24		超声波雷达——倒车雷达应用	94	34		视觉传感器类型	142
25		超声波雷达主要性能指标	98	35		视觉传感器在自动驾驶汽车中的应用	145
26		超声波雷达应用实例	98	36		什么是全球定位	156
27		车载毫米波雷达的结构	108	37		定位与导航系统实例	159
28		毫米波雷达应用案例	108	38		惯性传感器	172
29		毫米波雷达技术参数	113	39		GPS与惯性传感器的信息融合	175
30		激光雷达测距原理	124				

CONTENTS 目录

项目一

发动机系统传感器原理与检测

学习目标

◈ 知识目标

1. 了解进气压力传感器和曲轴位置传感器的工作原理、结构及特点。

2. 熟悉进气压力传感器和曲轴位置传感器的原理及分类。

3. 熟悉进气压力传感器和曲轴位置传感器的技术参数。

◈ 技能目标

1. 能够选用合适的工具、设备,完成进气压力传感器和曲轴位置传感器线路检修作业。

2. 能够使用专业设备,完成进气压力传感器和曲轴位置传感器的测试。

3. 能够按照要求,完成进气压力传感器和曲轴位置传感器更换的准备工作。

4. 能够使用拆装工具,完成进气压力传感器和曲轴位置传感器的更换作业。

◈ 素养目标

1. 能够自觉遵守法律、法规以及技术标准规定。

2. 能够弘扬工匠精神,具有认真负责的态度以及持之以恒、精益求精的精神。

3. 能够与同学和教师建立良好的合作关系,具有良好的团队协作精神。

4. 能够在实际操作过程中,培养动手实践能力,重视培养质量意识、安全意识、节能环保意识、规范操作意识及创新意识。

学习任务一 进气压力传感器原理与检测

任务导入

你是车辆装调初级技术员,今天遇到一个问题,车辆仪表板上发动机故障灯点亮了,经过专业检测后显示进气压力系统故障,请你在遵守车辆检测安全规则的情况下,制订合理的方案,完成进气压力传感器的检测,如果必要的话,还需要进行旧件拆卸和新件安装。希望你通过这次实践,不仅学会如何操作,更能体会到作为一名技术员的责任和乐趣。准备好了吗?让我们开始吧!

任务资讯

一、进气压力传感器的类型和结构

进气压力传感器的种类很多,目前常用的有半导体压敏电阻式、真空膜盒式、电容式、表面弹性波式等压力传感器。其中,应用较多的是压敏电阻式和电容式。

1. 半导体压敏电阻式进气压力传感器结构

半导体压敏电阻式进气压力传感器是利用半导体的压阻效应制成的,主要由硅芯片、真空室、硅杯、底座、真空管和引线电极组成,其内部结构如图 1-1-1 所示。

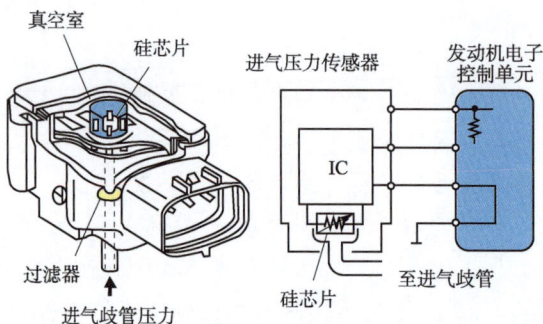

图 1-1-1　半导体压敏电阻式进气压力传感器结构

压力传感器结构

2. 电容式进气压力传感器结构

电容式进气压力传感器由金属电极、玻璃等非导电介质和金属盖组成。整个设备形状类似一个带盖的圆柱体,如图 1-1-2 所示。其中,金属电极位于圆柱体内部,玻璃等非导电介质在其周围并覆盖在电极之上,金属盖则用于覆盖整个圆柱体以保护内部器件。当进气歧管中气体压力增加时,电容器的间距会发生变化,导致电容量发生变化。传感器通过将变化的电容量转换为电信号,并将其发送到发动机电子控制单元(ECU)来反馈发动机运行状态。

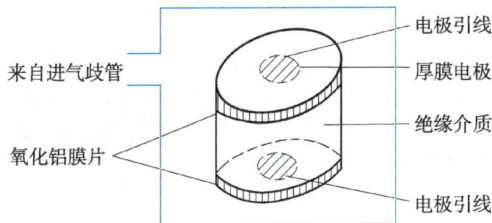

图 1-1-2　电容式进气压力传感器结构

3. 真空膜盒式进气压力传感器结构

真空膜盒式进气压力传感器主要由真空膜盒、铁芯、感应线圈和电子电路等组成。真空膜盒是由薄金属片焊接而成，其内部被抽成真空，外部与进气歧管相通。外部压力变化将使真空膜盒产生膨胀和收缩的变化。置于感应线圈内部的铁芯和真空膜盒联动。感应线圈由两个绕组构成，其中一个与振荡电路相连，产生交流电压，在线圈四周产生磁场，另一个为感应绕组，产生信号电压。当进气歧管压力变化时，真空膜盒带动铁芯在磁场中移动，使感应线圈产生的信号电压随之变化。该信号电压由电子电路检波、整形和放大后，作为传感器的输出信号送至 ECU。

真空膜盒式进气压力传感器，也称膜盒测压器，其作用是在 D 型燃油喷射系统中，由进气歧管绝对压力传感器测量进气管压力，并将信号输入 ECU，作为燃油喷射和点火控制的主控制信号。

根据真空膜盒的机械运动转换成电信号输出方式的不同，可以采用可变电阻器（电位计）、可变电感器和差动变压器三种装置。图 1-1-3 所示为节气门开启状态时真空膜盒式进气压力传感器的结构示意图。该传感器主要由感应线圈、铁芯、弹片、真空膜盒、进气歧管接头等组成。

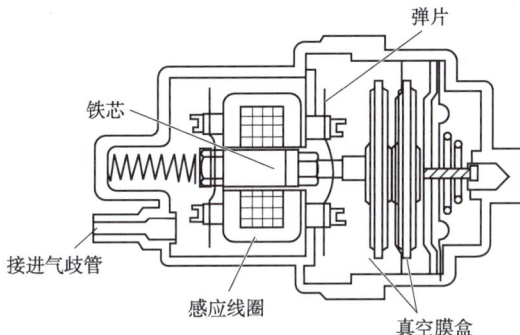

图 1-1-3　真空膜盒式进气压力传感器结构

二、进气压力传感器的工作原理

进气压力（Manifold Absolute Pressure，MAP）传感器以真空管连接进气歧管，如图 1-1-4 所示，随着发动机不同的转速负荷，感应进气歧管内的进气压力变化，再将传感器内部电阻值的改变，转换成电压信号，供 ECU 修正喷油量和点火正时角度。

进气歧管压力传感器应用于 D 型电子控制燃油喷射系统（即速度密度型），用来检测进气歧管内的压力变化，并将其转换成电信号，与转速信号一起传送到 ECU 作为确定喷油器基本喷油量的重要参数之一。

图 1-1-4　进气压力传感器位置

1. 半导体压敏电阻式进气压力传感器工作原理

半导体压敏电阻式进气压力传感器的工作原理如图 1-1-5 所示,传感器的压力转换元件中有硅膜片,硅膜片受压变形会产生相应的电压信号。硅膜片的一面是真空,另一面导入进气管压力,当进气管内的压力变化时,硅膜片的变形量就会随之改变,并产生与进气压力相对应的电压信号。进气压力越大,硅膜片的变形量也越大,硅膜片上应变电阻的阻值在此压应力的作用下就会发生变化,使传感器上以惠斯顿电桥方式连接的硅膜片应变电阻的平衡被打破,传感器的输出电压也就越大,当电桥的输入端输入一定的电压或电流时,在电桥的输出端便可得到相应变化的信号电压或信号电流,因为此信号比较微弱,故采用了混合集成电路进行放大后输入至 ECU。

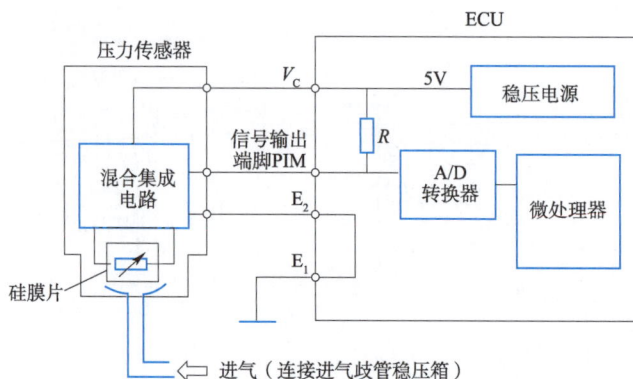

图 1-1-5　半导体压敏电阻式进气压力传感器的工作原理

因为半导体压敏电阻式进气压力传感器的功能部件是硅膜片和应变电阻,其工作参数取决于作用于膜片上的压力大小,因此,传感器的取样压力应从压力波动较小的部位选取。绝大多数轿车的进气压力都从稳压箱处选取,可以避免压力波动对检测信号的影响。

压敏电阻式进气压力传感器的输出特性:发动机工作时,随着节气门开度的变化,进气歧管内的真空度、绝对压力以及输出信号特性曲线均在变化。D 型喷射系统中检测的是节气门后方进气歧管内的绝对压力。在大气压力不变的条件下(标准大气压力为 101.3kPa),歧管内的真空度越高,反映歧管内的绝对压力越低,真空度等于大气压力减去歧管内绝对压力的差值。而歧管内的绝对压力越高,说明歧管内的真空度越低,歧管内的绝对压力等于歧管外的大气压力减去真空度的差值,即大气压力等于真空度和绝对压力之和。

发动机工作中,节气门开度越小,进气歧管的真空度越大,歧管内的绝对压力越小,输出信号电压越低;节气门开度越大,进气歧管的真空度越小,歧管内的绝对压力越大,输出信号电压越大。输出信号电压与歧管内真空度的大小成反比(负特性),与歧管内绝对压力的大小成正比(正特性)。

2. 电容式进气压力传感器工作原理

电容式进气压力传感器如图 1-1-6 所示,它是将氧化铝膜片和底板彼此靠近排列,形成电容,利用电容随膜片上下压力差的变化而改变的性能,获取与压力成正比的电容值信号。将电容(为压力转换元件)连接到传感器混合集成电路的振荡电路中,传感器能够产生可变频率的信号,且该信号的输出频率(80～120Hz)与进气歧管的绝对压力成正比。ECU 可以根据传感器输入信号的频率来感知进气歧管绝对压力的大小,进而对发动机的喷油量进行控制。

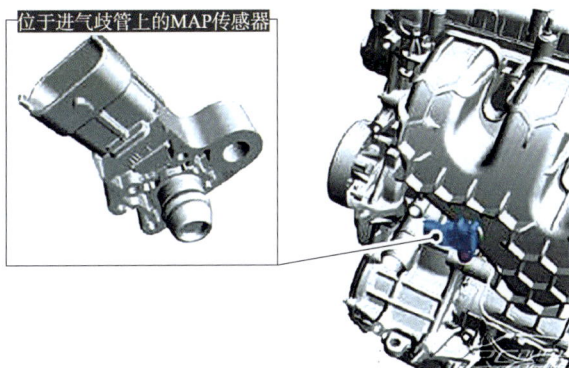

图 1-1-6 福特电容式进气压力传感器

3. 真空膜盒式进气压力传感器工作原理

外部的气压变化时,视其压力或真空度的大小,真空膜盒就会产生凸出或凹进的现象,如图 1-1-7 所示,通过传动机构,便使线圈中铁芯的位置发生改变,从而使线圈中穿过的磁通量发生了改变,于是线圈便产生大小不同的感应电动势,由此就把电压变化的物理量转换成了由线圈两端输出的电量。

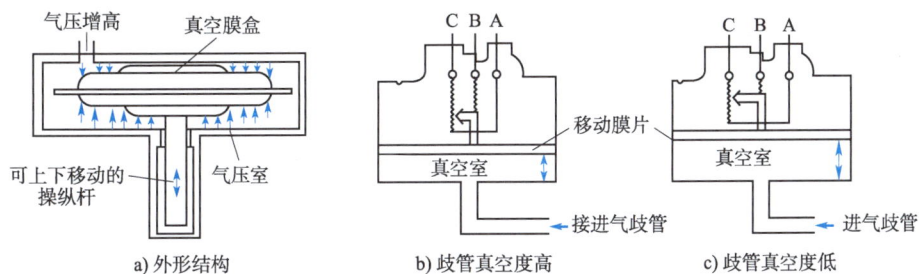

图 1-1-7 真空膜盒式进气压力传感器的工作原理

三、进气压力传感器故障分析与检测

进气压力传感器输出电压与节气门位置之间的关系对于判断进气压力传感器的故障具有一定的帮助。

图 1-1-8 所示为汽车发动机燃油喷射系统压敏电阻式进气压力传感器与电子控制单元（ECU）之间的连接方式。不同汽车生产厂家，进气压力传感器引脚标记会有所不同。

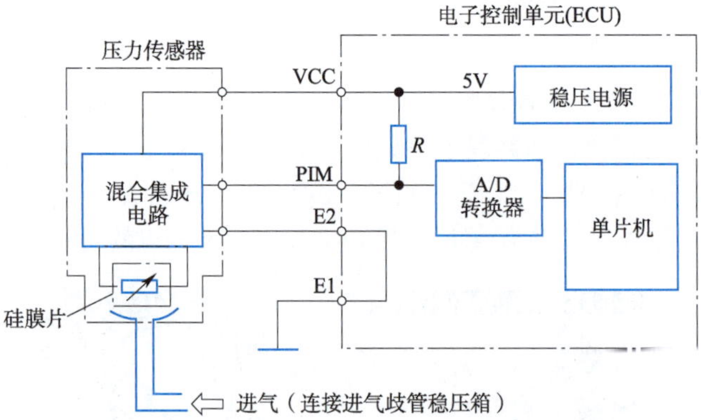

图 1-1-8　压敏电阻式进气压力传感器与电子控制单元（ECU）之间的连接方式

输出电压与真空度的关系：正常情况下，进气压力传感器输出电压与歧管内真空度的大小成反比（负特性），与歧管内绝对压力的大小成正比（正特性）。

进气压力与电压之间的关系：通常情况下，当发动机怠速运转时，节气门开度最小，传感器信号输出端脚 PIM 信号电压在 0.7～1.6V 之间（不同汽车生产厂家，该电压值有差异）；当节气门开度加大、发动机转速升高时，真空度随之降低，输出信号电压升高，但最高不会超过 5V。

1. 半导体压敏电阻式进气压力传感器的检测

半导体压敏电阻式进气压力传感器一般不易损坏，故应用较广泛。但其若遭损坏或线路连接不良，则易使发动机出现怠速不良、起动不易和起动后熄火的故障。若在汽车运行中发现上述故障，应对该传感器及相关电路和元件进行检测。检测方法如下。

1）检测电源电压

检测时，拔下传感器的连接器插头，接通点火开关（但不起动发动机），用万用表电压挡检测连接器插头电源端和搭铁之间的电压，应在 4～6V 之间；否则，应检修连接线路。若传感器损坏，应予更换。

2）检测信号电压

检测进气压力传感器的输出电压。拔下进气压力传感器与进气歧管连接的真空软管，打开点火开关（但不起动发动机），用电压表在 ECU 线束插头处测量进气压力传感器的输出电压（信号端子 PIM 与搭铁线 E1 之间），接着向进气压力传感器内施加真空，并测量在不同真空度下的输出电压，该电压值应随真空度的增大也增加，其变化情况应符合规定（表 1-1-1），否则应更换新的传感器。

进气压力
传感器检修

进气压力传感器不同真空度时输出电压对应表　　　　表 1-1-1

真空度（kPa/mmHg）	电压值（V）	真空度（kPa/mmHg）	电压值（V）
13.3（100）	0.3～0.5	53.5（400）	1.5～1.7
26.7（200）	0.7～0.9	66.7（500）	1.9～2.1
40.0（300）	1.1～1.3		

　　以广汽本田轿车为例，其进气压力传感器安装在节气门体的进气道上，如图 1-1-9 所示，该传感器也是采用利用半导体压阻效应制成的半导体压敏电阻式压力传感器，其与 ECU 连接的电路如图 1-1-10 所示。

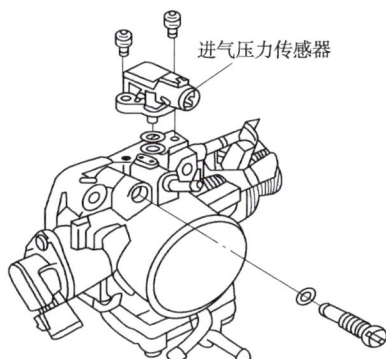

图 1-1-9　半导体压敏电阻式进气压力传感器安装位置

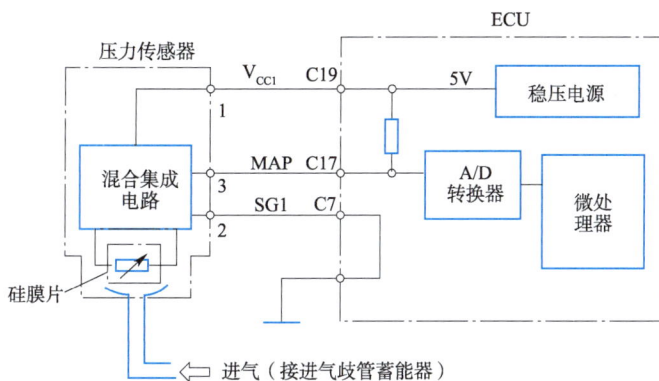

图 1-1-10　半导体压敏电阻式进气压力传感器与 ECU 连接电路

　　广汽本田轿车进气压力传感器的检测主要是检测电源电压、信号电压及连接线束的导通性等。检测方法如下。

　　1）检测 MAP 传感器的电源电压

　　拔下 MAP 传感器的 3 芯插头，接通点火开关。用万用表测量 MAP 传感器 3 芯插头上 1、2 两端子间的电压，如图 1-1-11 所示。该电压标准值应为 5V。

　　2）检测 MAP 传感器的信号电压

　　拆下 MAP 传感器，将手动真空泵接在 MAP 传感器进气口

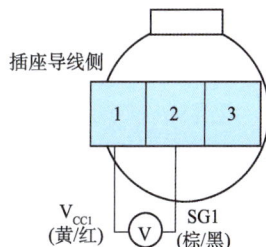

图 1-1-11　MAP 传感器 3 芯插头

处,如图 1-1-12a)所示。接通点火开关,用万用表测量 MAP 传感器的信号线(3 号端子)与搭铁线(2 号端子)之间电压,如图 1-1-12b)所示。

a) 手动真空泵　　　　　　　b) 读取电压值

图 1-1-12　测量 MAP 传感器信号

启动真空泵,随着真空度的变化,读取电压数值的变化。其输出信号电压的标准参考值见表 1-1-2。

不同真空度下 MAP 传感器的信号电压　　　　　　　　　　表 1-1-2

真空度(kPa)	输出信号电压(V)	真空度(kPa)	输出信号电压(V)
100	2.6	400	1.3
200	2.2	500	1.0
300	1.6	600	0.6

3)检测 MAP 传感器的线束导通性

关闭点火开关,拔下 ECU 的 C 插头。拔下 MAP 传感器的 3 芯插头,用万用表的电阻挡分别测量 C19、C7、C17 与 3 芯插头 1、2、3 端子之间的导通性,如图 1-1-13 所示。

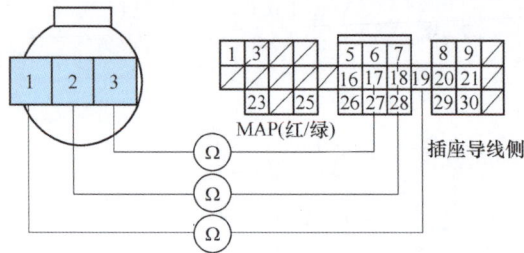

图 1-1-13　检测 MAP 传感器的线束导通性

以上测量的各电阻标准值应小于 0.5Ω。

2. 电容式进气压力传感器的检测

电容式进气压力传感器目前还没有得到很普遍的应用,仅在福特等少数车型的 D 型喷射发动机上使用。若电容式进气压力传感器或其连接电路发生故障,也可从电源电压、信号电压、传感器与电源间连接线束的导通性去检测,具体的车型需参考各自的参数标准值。还可用汽车专用万用表对此进气压力传感器进行频率测试。

频率测试方法是:接通点火开关,发动机不运转,进气压力传感器输出信号频率约为

160Hz;减速时,频率在80Hz左右;怠速时,频率在105Hz左右;当进气压力输出信号消失或者超出工作范围(频率小于80Hz或大于160Hz),则说明此传感器已损坏,应进行检测或更换。

以福特汽车的电容式进气压力传感器为例,其电容式进气压力传感器与ECU的连接电路如图1-1-14所示。

该进气压力传感器有三条线与ECU连接。ECU的26端子向进气压力传感器提供5V电压;46端子是信号回路,经ECU搭铁;45端子为进气压力传感器输出信号端子。

图1-1-14　福特汽车电容式进气压力传感器
与ECU的连接电路

电容式进气压力传感器的检修方法如下。

(1)检查真空软管连接状态,以确保无老化破裂现象。

(2)打开点火开关,检测ECU的26端子(桔/黑)与搭铁间电压,应为5V。

(3)检测46端子信号电路(黑/白)电压应为0V,搭铁电阻不大于5Ω。

(4)检测进气压力信号电路(蓝/黄),拆下传感器连接器接头,测量45端子处电压,在点火开关接通时为0.5V。

3. 真空膜盒式进气压力传感器的检测

真空膜盒式进气压力传感器的常见故障是真空软管连接不牢、破裂以及感应线圈断、短路等。应注意这种进气压力传感器是用12V电源工作,所以在检测时,不要拔下电源线插头。

1)检测电源电压。

如图1-1-15所示,关闭点火开关,拔下传感器连接器插头,在电源线插头一侧接万用表,打开点火开关,电压表应显示12V,否则应检查电源线是否存在断路、短路。

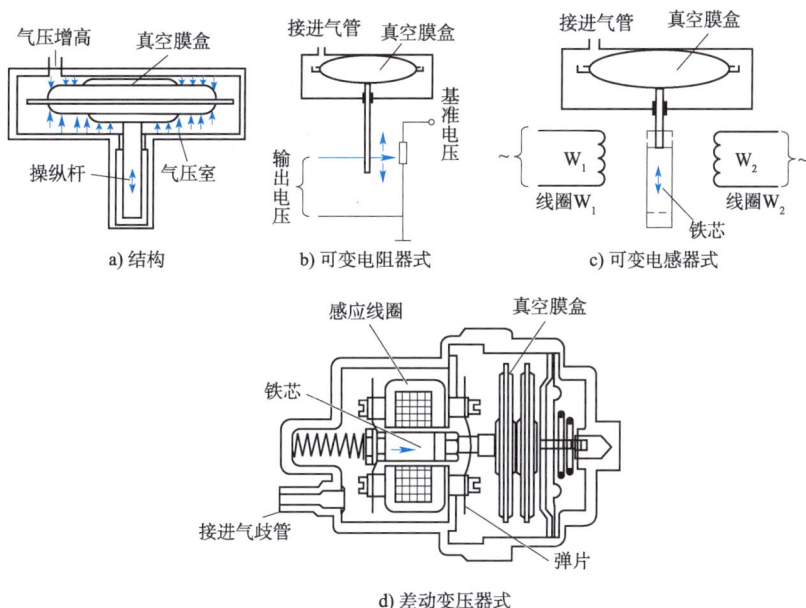

图1-1-15　检测电源电压

2)检测输出信号电压

如图1-1-16所示,在不分离接线与插座的情况下,使点火开关处于"ON"(闭合)状态,把万用表测头触及接线插座的 E_2 与 V_{CC} 之间：当脱开真空软管后，与大气压力直接相通时，电压表应指示 1.5V 左右；用口吸吮真空软管时，电压表示值应从 1.5V 向减小的方向摆动；怠速运转时，电压表示值约为 0.4V，转速升高，输出电压值也应升高。

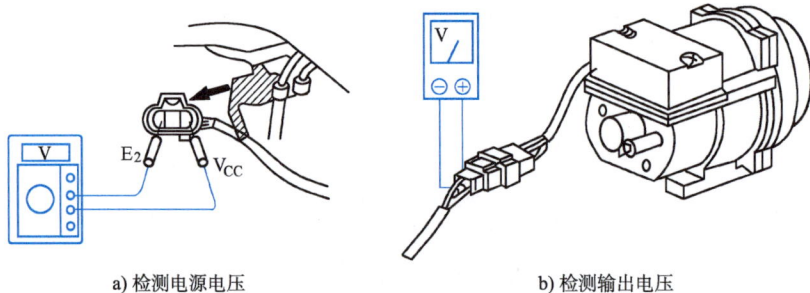

a) 检测电源电压   b) 检测输出电压

图 1-1-16   检测输出信号电压

任务实施

一、任务准备

准备进气压力传感器检测所需的用品和工具设备，见表 1-1-3。

工作准备   表 1-1-3

类别	所需物料
车辆防护用品	通用防护用品：车内防护用品、翼子板布三件套
测试仪器、设备	实训车辆、万用表、拆装工具套装、探针、导线、解码器诊断仪

二、实操演练

任务 1   进气压力传感器的外观及安装状态检测

1. 进气压力传感器的硬件检查

对进气压力传感器外观及安装状态进行初步检查，检查内容见表 1-1-4。

进气压力传感器外观及安装状态检查   表 1-1-4

序号	检查项目	检查内容	是否正常	维修意见
1	进气压力传感器外观	进气压力传感器外壳是否破损	是□ 否□	更换传感器
2	进气压力传感器安装位置	安装位置是否正确	是□ 否□	重新安装调整
		安装是否紧固	是□ 否□	
		基座是否变形	是□ 否□	
3	进气压力传感器线束接口	接口是否存在虚接、破损、进水以及异物等情况	是□ 否□	更换或修复
4	进气压力传感器线束	线束是否存在破损、折断、烧蚀等情况	是□ 否□	更换或修复

2. 拆画电路图

查阅相关维修手册,在下框中画出进气压力传感器的相关电路图。

3. 测量进气压力传感器线路

以实训车辆为例,测量车辆进气压力传感器数据,并将检测结果及维修建议填入表 1-1-5 中。

进气压力传感器线路测量　　　　　　　　　　　　　表 1-1-5

序号	检测项目	检测内容	检测工具	检测结果	标准值	是否正常	维修建议
1	供电线路	电压	万用表		12 V	是□　否□	
2	搭铁线路	电阻	万用表		<1Ω	是□　否□	
3	信号线	电压	万用表		1.5 V	是□　否□	

4. 维修结果检验

根据表 1-1-5 的测量结果对故障部位进行维修,维修后重新对该功能进行检测,并将检测结果记录在表 1-1-6 中。

维修结果检验　　　　　　　　　　　　　表 1-1-6

检查项目	检查结果	操作要点
进气压力传感器是否恢复正常	是□　否□	
进气压力传感器线路电压是否恢复正常	是□　否□	
故障部件是否正常工作	是□　否□	
系统功能是否恢复正常	是□　否□	
维修工具是否整理归位	是□　否□	
维修工位是否打扫干净	是□　否□	
工作页是否填写完整	是□　否□	

> **想一想:**
>
> 进气压力传感器数据异常,车辆会出现哪些故障呢?

任务 2　进气压力传感器的拆卸与安装

查阅相关资料或观察实训车辆,找出实训车辆进气压力传感器的安装位置。找到位置后,在图 1-1-17 中圈出对应安装位置。

图 1-1-17　进气压力传感器安装位置

1. 拆卸进气压力传感器

参照维修手册,按照标准步骤完成进气压力传感器的拆卸,并在表 1-1-7 中总结出操作要点。

进气压力传感器拆卸　　　　　　　　　　　　　表 1-1-7

序号	操作内容	注意事项	操作要点
1	铺设车辆防护用品	按需铺设,车外三件套,车内三件套	
2	拆卸车辆相关附件、发动机舱盖、空气滤芯	按标准流程进行拆卸	
3	断开进气压力传感器连接插头	注意不要拉拔线束部分,按下插头锁止销,拔下插头	
4	使用十字螺丝刀松开螺栓	十字螺丝刀要对准螺栓十字槽口,不要用力过大以免损坏螺栓	

2. 安装进气压力传感器

参照维修手册,按照标准步骤完成进气压力传感器的安装,并在表 1-1-8 中总结出操作要点。

进气压力传感器安装　　　　　　　　　　　　　表 1-1-8

序号	操作内容	注意事项	操作要点
1	安装进气压力传感器	螺栓固定位置要和下面槽口对准	
2	使用十字螺丝刀紧固传感器固定螺栓	切勿一次紧固,对角来回分多次完成	
3	连接插头	检查是否安装到位,听到"咔哒"一声	
4	安装车辆相关附件	按标准流程进行安装	
5	整理及恢复	5S 管理	

任务3 进气压力传感器测试

进气压力传感器安装完成后，需要对其是否能正常使用进行测试。

通过诊断仪程序，对已经安装的进气压力传感器进行功能验证，确认进气压力传感器已经正确安装并可以正常使用。参照维修手册，按照标准步骤读取进气压力数据。

任务评价

完成表1-1-9所示学习情境评价表。

进气压力传感器学习情境评价表   表1-1-9

基本信息	姓名		学号		班级			组别	
	角色		任务			目标			
	规定时间		完成时间		考核日期		总评成绩		
考核内容	序号	实训步骤	评分标准	分值（分）	自评（分）	互评（分）	师评（分）	综合评分（分）	
	1	准备工作	实训前期检查是否全面、到位	10					
	2	检查并安装防护用具，检查工具使用情况	检查是否全面规范，工具使用是否规范	10					
	3	进气压力传感器的故障检测	操作是否规范，步骤是否正确	15					
	4	进气压力传感器的拆卸与安装	操作是否规范，步骤是否正确	15					
	5	进气压力传感器测试	操作是否规范，步骤是否正确	15					
	6	5S管理	整理、整顿、清扫、清洁、素养	10					
	7	团队协作	成员是否配合默契	10					
	8	沟通表达	是否能沟通交流，是否正确表达意思	10					
	9	工单填写	填写是否正确规范	5					
教师评语									

任务总结

```
                          ┌─ 进气压力        ┌─ 进气压力        实时检测进气歧管内的绝对压力（MAP值），为发
                          │  传感器的结构     │  传感器的作用     动机控制单元（ECU）提供关键数据，用于计算空气
                          │                  │                  密度和进气量
                          │                  │
                          │                  └─ 进气压力        压力敏感元件、信号处理电路、温度补偿模块、壳体
                          │                     传感器的组成
 进气压力传感器            │
 原理与检测       ────────┤─ 进气压力        ┌─ 压阻原理        当进气道中的压力作用于压阻时，压阻产生形变，
                          │  传感器的工作原理  │                  从而改变其电阻值
                          │                  │
                          │                  └─ 工作原理        进气压力传感器的信号转换电路将压阻的电阻值转
                          │                                     换成电压信号，并通过滤波电路滤除噪声信号，最终
                          │                                     输出给控制系统
                          │
                          └─ 进气压力        ┌─ 电压测量        对传感器的供电电压进行测试
                             传感器的测试     │
                                             └─ 电阻测试        静态电阻检测
```

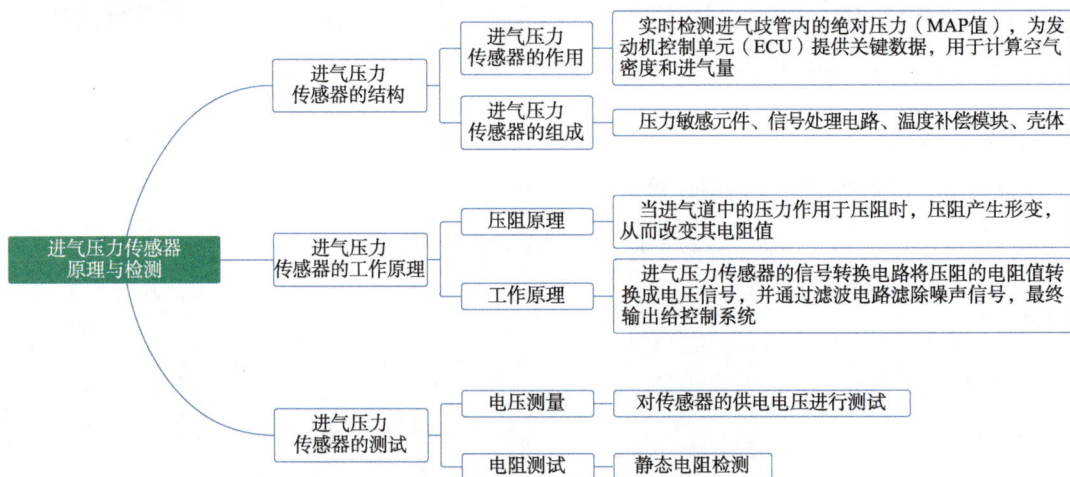

请写出完成本次任务的反思。

_____

_____

课后练习

一、单项选择题

1. 进气压力传感器通常安装在发动机的（   ）。

    A.排气歧管   B.进气歧管   C.发动机缸体   D.燃油箱

2. 进气压力传感器的主要作用是（   ）。

    A.监测发动机转速   B.测量进气歧管内的绝对压力

    C.检测冷却液温度   D.控制点火时机

3. 当进气歧管漏气时，进气压力传感器的输出电压将（   ）。

    A.升高   B.降低   C.无变化   D.忽高忽低

4. 装用进气压力传感器的发动机，当进气歧管漏气时，其燃油喷射量将（   ）。

    A.增加   B.减少   C.不变   D.不能确定

5. 用万用表，对进气压力传感器进行测量，其工作电压通常为（   ）。

    A.5V   B.8V   C.12V   D.3V

6. 若进气压力传感器损坏，发动机 ECU 的主要参考信号是（   ）。

    A.转速和节气门位置   B.转速和冷却液温度

    C.节气门位置和进气温度   D.节气门位置和冷却液温度

7. 当进气压力传感器有故障时，会导致发动机发生（   ）保障。

    A.起动困难   B.发动机喘振

    C.油耗过高   D.以上都有可能

8. 装用涡轮增压器的汽油发动机，其进气歧管压力与普通发动机相比（   ）。

A. 增加　　　　　　B. 减小　　　　　　C. 不变　　　　　　D. 以上都有可能

9. 在更换进气压力传感器时,需要注意的事项包括(　　)。

A. 确保新传感器与旧传感器型号相同　　B. 断开蓄电池负极以避免电击

C. 无须校准新传感器,直接安装即可　　D. 更换前无须检查进气歧管是否漏气

二、简答题

1. 常用的进气压力传感器都有哪些种类?

2. 电容式进气压力传感器的工作原理是什么?

学习任务二　曲轴位置传感器原理与检测

任务导入

你是车辆装调初级技术员,今天遇到车辆起动困难的问题,经过专业检测后显示曲轴位置传感器出现故障,请你在遵守车辆检测安全规则的情况下,制订合理的方案,完成曲轴位置传感器的检测,如果必要的话,还需要进行旧件拆卸和新件安装。希望你通过这次实践,不仅学会如何操作,更能体会到作为一名技术员的责任和乐趣。准备好了吗? 让我们开始吧!

任务资讯

一、曲轴位置传感器

曲轴位置
传感器作用

1. 曲轴位置传感器作用

曲轴位置传感器(CKP)又称曲轴转角传感器,如图 1-2-1 所示,它是发动机集中控制系统最主要的传感器之一,是控制发动机燃油喷射和点火时刻确认曲轴位置的信号源,同时也是测量发动机转速的信号源。曲轴位置传感器用来检测活塞上止点及曲轴转角的信号并将其输入发动机 ECU,从而对点火时刻和喷油正时进行控制。在现代电控发动机上,曲轴位置传感器和发动机转速传感器制成一体,既用于发动机曲轴位置、活塞上止点位置的测定,又可用于发动机转速的测定。

a)　　　　　　　　　　　　　　　　　　　b)

图 1-2-1　曲轴位置传感器

2. 曲轴位置传感器的安装位置

曲轴位置传感器一般安装在曲轴前端、分电器内、靠近飞轮的变速器壳体上,还有的安装在发动机汽缸体中部的下侧,如图1-2-2所示。

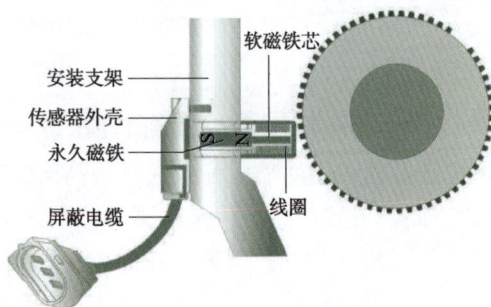

a) 安装在曲轴前端 b) 安装在飞轮壳体上 c) 安装在分电器内 d) 安装在汽缸体中部

图1-2-2 曲轴位置传感器的位置

二、曲轴位置传感器结构

曲轴位置传感器按照结构原理的不同可分为电磁感应式、光电式和霍尔式等。

1. 电磁感应式曲轴位置传感器的结构

电磁感应式曲轴位置传感器由信号转子、永久磁铁、信号线圈等组成,其结构如图1-2-3所示。

图1-2-3 电磁感应式曲轴位置传感器

磁感应式曲轴位置传感器结构

2. 光电式曲轴位置传感器的结构

光电式曲轴位置传感器一般安装在分电器内(若无分电器则一般安装在凸轮轴左前部),如图1-2-4所示。该传感器由带缝隙、光孔的信号盘和信号发生器组成。

信号盘安装在分电器轴上,和分电器轴随曲轴一起转动。它的外围均匀分布有360条缝隙(即透光孔),用于产生1°信号。对于六缸发动机,在信号盘外围稍靠内的圆上,均匀分布着6个间隔60°的透光孔,分别产生120°曲轴转角信号,其中有一个较宽的光孔是用于产生第一缸上止点对应的120°信号缝隙。

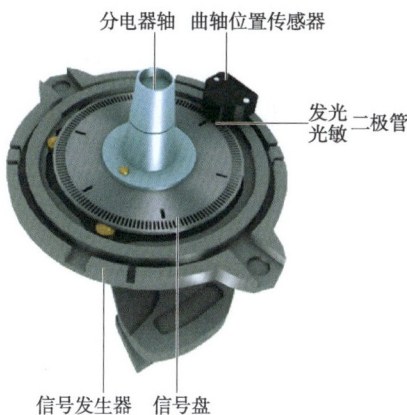

图 1-2-4　光电式曲轴位置传感器

3. 霍尔式曲轴位置传感器的结构

霍尔效应是指把一块金属或半导体薄片垂直放在磁感应强度为 B 的磁场中,沿着垂直于磁场方向通过电流 I 时,会在薄片的另一对侧面间产生电动势 U_H,所产生的电动势称为霍尔电动势,这种薄片(一般为半导体)称为霍尔片或霍尔元件。

霍尔式曲轴位置传感器利用霍尔效应产生与曲轴转角相对应的电压脉冲信号的原理制成,可分为触发叶片式和触发轮齿式两种曲轴位置传感器。

1)触发叶片式霍尔曲轴位置传感器的结构

触发叶片式霍尔曲轴位置传感器主要由触发叶轮、霍尔集成电路、磁轭(导磁钢片)和永久磁铁组成,结构如图 1-2-5 所示。其中,触发叶轮安装在转子轴上,随转子轴一起转动,叶轮上制有叶片。

2)触发轮齿式霍尔曲轴位置传感器的结构

触发轮齿式霍尔曲轴位置传感器即差动霍尔式曲轴位置传感器,也称双霍尔式曲轴位置传感器,其结构与磁脉冲式曲轴位置传感器相似,由带凸齿的信号转子和霍尔信号发生器组成,结构如图 1-2-6 所示。

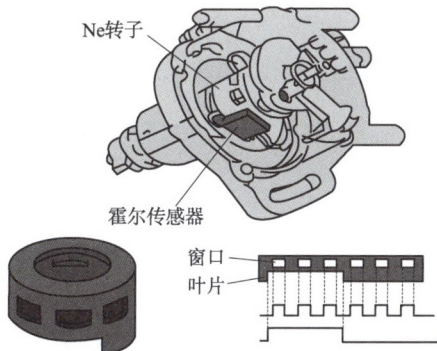

图 1-2-5　触发叶片式霍尔曲轴位置传感器的结构

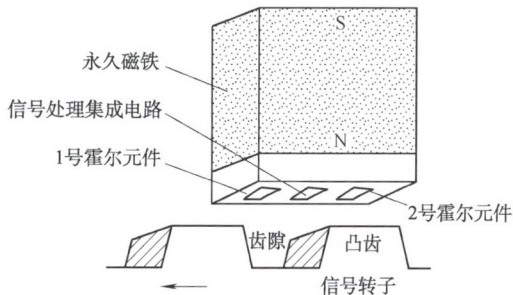

图 1-2-6　触发轮齿式霍尔曲轴位置传感器的结构

三、曲轴位置传感器的工作原理

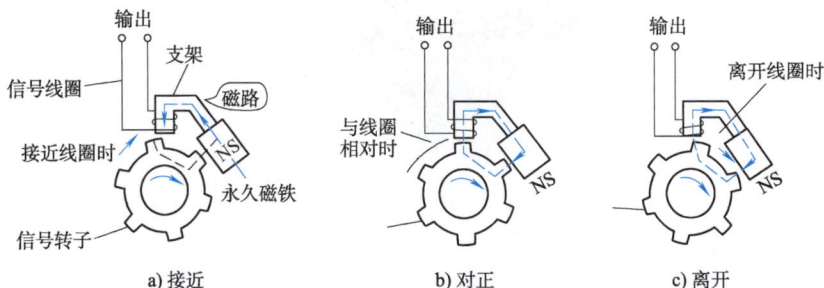

曲轴位置传感器
工作原理

1. 电磁感应式曲轴位置传感器的工作原理

电磁感应式曲轴位置传感器的工作原理如图 1-2-7 所示。

图 1-2-7　电磁感应式曲轴位置传感器的工作原理

从图 1-2-7 中可以看出,磁力按永久磁铁 N 极→定子与转子间的空气间隙→转子凸齿→转子凸齿与定子磁头间的空气间隙→磁头→永久磁铁 S 极,最终形成一个闭合回路。信号转子一般安装在正时罩内或曲轴前端的带轮之后或分电器内,随曲轴一起旋转。当信号转子旋转时,由于转子凸起部分的转动引起磁路空气间隙的变化,使通过线圈的磁通量发生变化,依据法拉第电磁感应定律,在信号线圈的两端会产生一个感应电压,且这个感应电压的方向总是企图阻碍磁通量的变化。因此,信号转子凸起部分接近于离开信号转子时,会产生正相反的交流电压信号。

2. 光电式曲轴位置传感器的工作原理

光电式曲轴位置传感器的工作原理如图 1-2-8 所示。光电式曲轴位置传感器是利用"发动机曲轴运转时带动分电器轴和信号盘转动,使发光二极管发出的光线通过信号盘上(边缘刻有小孔)产生交替变化的透光和遮光,从而使光电二极管导通与截止产生脉冲电压信号"的原理制成的。

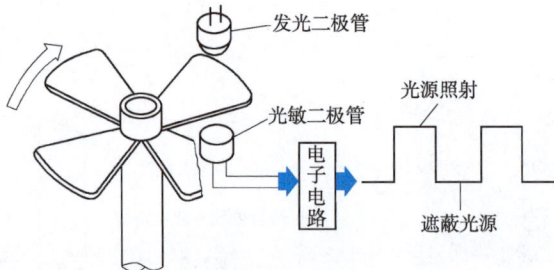

图 1-2-8　光电式曲轴位置传感器的工作原理

当信号发生器中的发光二极管的光束通过信号盘的小孔照射到对面与其正对的光电二极管上时,光电二极管感光导通产生电压信号;当发光二极管的光束被信号盘遮挡时,光电二极管截止,产生的电压为零。由于信号盘边缘刻有 360 个小孔,因此,信号盘每旋转一圈将产生 360 个脉冲电压信号。其中,每个脉冲信号代表曲轴 2°转角(分电器转一周曲轴转两周,即曲轴转 720°),每个脉冲信号又由一个高电压信号(光电二极管导通时产生)和一个零电压信号(光电二极管截止时产生)所组成,因此,后两者便分别代表曲轴 1°转角。120°转角产生的原理相同,其由小孔里面的 6 个光孔产生,对应的信号指活塞位于上止点位置时的曲轴位置。将光电二极管产生的脉冲电压信号经电子电路放大后,便向 ECU 输入曲轴转角的 1°信号和 120°信号。但由于信号发生器安装位置的关系,120°信号实际并不代表活塞上止点时的曲轴位置,而是对应活塞上止点前 70°的曲轴位置。

3. 触发叶片式霍尔曲轴位置传感器的工作原理

触发叶片式霍尔曲轴位置传感器的工作原理如图 1-2-9 所示。

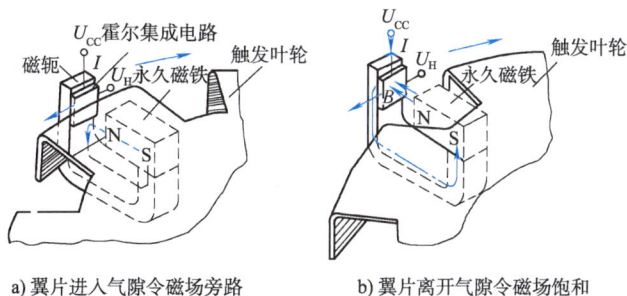

a) 翼片进入气隙令磁场旁路　　　　b) 翼片离开气隙令磁场饱和

图 1-2-9　触发叶片式霍尔曲轴位置传感器的工作原理

当曲轴转动并带动转子轴转动时,触发叶轮随转子轴一起转动,触发叶轮的叶片便从霍尔集成电路与永久磁铁之间的气隙中转过。

当叶片进入气隙时,霍尔集成电路中的磁场被叶片旁路,此时,霍尔元件产生的霍尔电压为零,集成电路输出级的三极管截止,传感器输出一个高电平信号电压 U_0。

当叶片离开气隙时,永久磁铁的磁通便经过霍尔集成电路和导磁钢片构成回路,此时,霍尔元件产生霍尔电压 U_H[$U_H = (1.9 \sim 2.0)$ V],霍尔集成电路输出级的三极管导通,传感器输出一个低电平信号电压 U_0。

ECU 便根据向它输入的脉冲信号计算出曲轴的转角及活塞上止点位置,从而对发动机的点火和喷油时刻进行控制。

4. 触发轮齿式霍尔曲轴位置传感器的工作原理

触发轮齿式霍尔曲轴位置传感器的工作原理与触发叶片式霍尔曲轴位置传感器的工作原理相同。触发轮齿式霍尔曲轴位置传感器的信号转子(即凸齿转子)安装在发动机曲轴上,(部分汽车以发动机的飞轮为信号转子)。当发动机曲轴或飞轮转动时,传感器的信号转子随其一起转动,从而使信号转子的齿缺与凸齿转过霍尔电路(与触发叶片式霍尔电路相同,由霍尔元件、放大电路、稳压电路、温度补偿电阻、信号变换电路和输出电路等组成)的探头,使齿缺或凸齿与霍尔探头之间的气隙发生变化,磁通量随之变化,即磁场强度 B 发生变化。根据霍尔效应,在传感器的霍尔元件中就会产生交变电压信号,其输出电压由两个霍尔信号电压叠加而成。因为输出信号为叠加信号,所以转子凸齿与信号发生器之间的气隙可以增大到 $0.5 \sim 1.5$ mm(普通霍尔式传感器仅为 $0.2 \sim 0.4$ mm),从而可将信号转子制成像磁感应式传感器转子一样的齿盘式结构,其突出优点是信号转子便于安装。

四、曲轴位置传感器检测

1. 电磁感应式曲轴位置传感器的检测

以日产轿车的磁脉冲曲轴位置传感器为例,介绍电磁感应式曲轴位置传感器的检测方法。电磁感应式曲轴位置传感器的接线如图1-2-10所示。

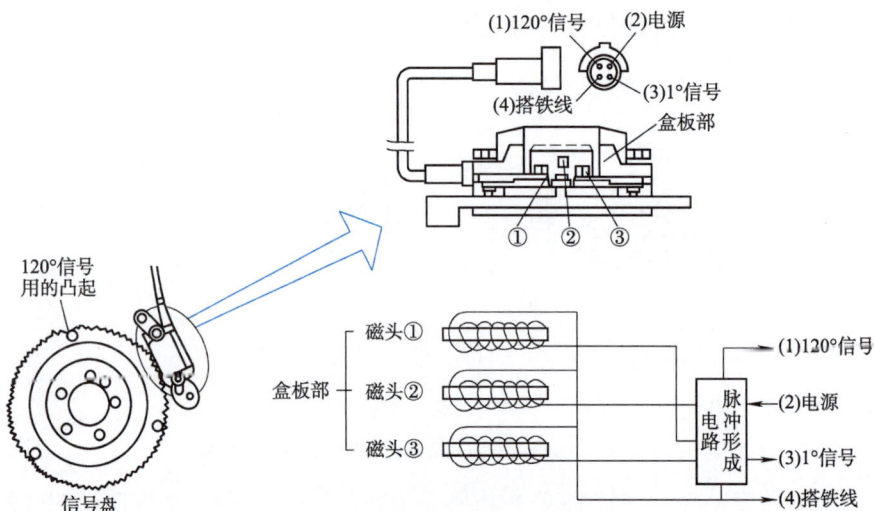

图1-2-10　电磁感应式曲轴位置传感器接线电路

(1)检测电阻值:关闭点火开关,断开曲轴位置传感器的导线连接器,用万用表电阻挡测量曲轴位置传感器上各端子(磁头①、②、③对应的端子)的电阻,各磁头感应线圈的电阻均应为 $140 \sim 180\Omega$。如不符合,则需更换曲轴位置传感器。

(2)检查信号盘:主要检查曲轴位置传感器的信号盘齿圈上的齿有无变形、齿间有无脏物堵塞、信号盘有无翘曲变形等。若信号盘或齿圈上的齿有变形则需更换新的信号盘。若信号盘齿圈上的齿与齿间有杂物,应彻底清洗干净,否则将影响信号输出。

(3)检测信号电压:接通点火开关,但不起动发动机,拔下曲轴位置传感器的导线连接器,当发动机转动时,曲轴位置传感器导线连接器上孔(3)和孔(4)间、孔(1)与孔(4)间(图1-2-11)应有脉冲信号输出,可用示波器或万用表电压挡进行测试检查。如果没有脉冲信号输出或脉冲信号缺少脉冲,均说明传感器有故障,应当更换曲轴位置传感器。

(4)检查磁头与信号盘之间的气隙:分别检查磁头①和磁头③与信号盘齿圈间的气隙、磁头②与120°凸缘间的气隙,上述间隙距离均应在 $0.3 \sim 0.5mm$,否则应调整或更换信号发生器总成。

2. 光电式曲轴位置传感器的检测

以现代索纳塔轿车光电式曲轴位置传感器为例,说明光电式曲轴位置传感器的检测方法。现代索纳塔轿车的光电式曲轴位置传感器总成安装在分电器中,对于无分电器式点火系统,曲轴位置传感器总成则一般安装在凸轮轴左前部。现代索纳塔轿车的曲轴位置传感器信号盘的结构如图1-2-11所示。

现代索纳塔轿车的曲轴位置传感器与 ECU 的连接电路如图 1-2-12 所示。在信号盘的上下侧分别设有相互正对的两个发光二极管和两个光电二极管,且以电路的形式相互连接。当发光二极管发出的光线透过信号盘光孔中的某一孔照射到光电二极管上时,光电二极管导通,产生一个正的电压脉冲信号;当发光二极管发出的光线被遮挡时,光电二极管截止,产生的电压脉冲信号为零。以上电压脉冲信号输入电子电路经放大整形后,即向 ECU 输入曲轴转角和第一缸上止点位置信号。

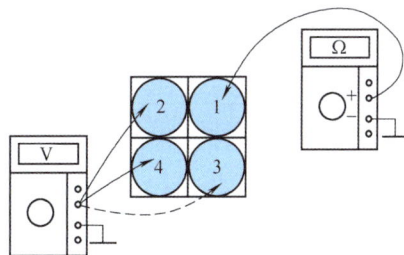

图 1-2-11 现代索纳塔轿车的光电式曲轴
位置传感器信号盘的结构

图 1-2-12 光电式曲轴位置传感器
与 ECU 的连接电路

从现代索纳塔轿车曲轴位置传感器的检测应从连接线束、电源电压的、信号电压几方面着手,具体方法如下:

(1)检测传感器连接线束和电源电压。现代索纳塔轿车曲轴位置传感器连接器插头的端子位置如图 1-2-13 所示。

(2)检查时拔下曲轴位置传感器连接器插头,接通点火开关,但不起动发动机。用万用表测量线束侧端子 4 与搭铁间电压,该值应为 12V;测量线束侧端子 2 和端子 3 与搭铁间电压,该值应为 4.8 ~ 5.2V。用万用表的电阻挡测量线束侧端子 1 与搭铁间电阻,该值应为 0Ω。对传感器各端子之间电压与电阻的检测如图 1-2-14 所示。

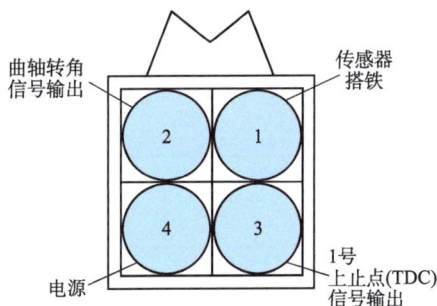

图 1-2-13 曲轴位置传感器连接器插头的端子示意图

图 1-2-14 曲轴位置传感器输出信号电压检查

3. 霍尔式曲轴位置传感器的检测

霍尔式曲轴位置传感器的检测方法有一个共同点,即主要通过测量有无输出电脉冲信号来判断其是否良好。下面就以霍尔式曲轴位置传感器为例来介绍其检测方法。

曲轴位置传感器与ECU有三条引线相连,如图1-2-15所示。其中一条是ECU向传感器加电压的电源线,输入传感器的电压为8V;另一条是传感器的输出信号线,当飞轮齿槽通过传感器时,霍尔传感器输出脉冲信号,高电位为5V,低电位为0.3V;第三条是通往传感器的搭铁线。

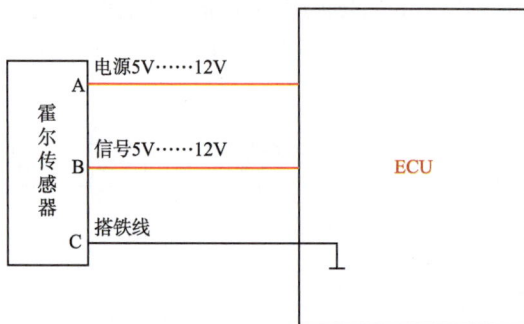

图1-2-15　霍尔式传感器接线图

曲轴位置传感器
故障检修

(1)传感器电源、电压的测试。点火开关置于"ON",用万用表电压挡测量ECU侧端子的电压应为8V,在传感器导线连接器"A"端子处测量电压也应为8V,否则为电源、线断路或接头接触不良。

(2)端子间电压的检测。用万用表的电压挡,对传感器的A、B、C三个端子间进行测试,当点火开关置于"ON"时,A—C端子间的电压值约为8V;B—C端子间的电压值在发动机转动时,在0.3~5V之间变化,且数值显示呈脉冲性变化,最高电压为5V,最低电压为0.3V。如不符合以上结果,应更换曲轴位置传感器。

(3)电阻检测。点火开关置于"OFF"位置,拔下曲轴位置传感器导线连接器,将万用表电阻挡跨接在传感器侧的端子A—B或A—C间,此时万用表显示读数为∞(开路),如果指示有电阻,则应更换曲轴位置传感器。

任务实施

一、任务准备

准备曲轴位置传感器检测所需的用品和工具设备,见表1-2-1。

工作准备　　　　　　　　　　　　　　　　　　表1-2-1

类别	所需物料
测试仪器、设备	实训车辆、发动机台架、万用表、拆装工具套装、导线、探针、解码器诊断仪

二、实操演练

任务1　曲轴位置传感器的外观及安装状态检测

1. 曲轴位置传感器的硬件检查

对曲轴位置传感器外观及安装状态进行初步检查,检查内容见表1-2-2。

曲轴位置传感器外观及安装状态检查　　　　　　表 1-2-2

序号	检查项目	检查内容	是否正常	维修意见
1	曲轴位置传感器外观	外壳是否破损	是□　否□	更换传感器
2	曲轴位置传感器安装位置	安装位置是否正确	是□　否□	重新安装调整
		安装是否紧固	是□　否□	
		固定底座是否变形	是□　否□	
3	曲轴位置传感器线束接口	接口是否存在虚接、破损、进水以及异物等情况	是□　否□	更换或修复
4	曲轴位置传感器线束	线束是否存在破损、折断、烧蚀等情况	是□　否□	更换或修复

2. 拆画电路图

查阅相关维修手册,在下框中画出曲轴位置传感器的相关电路图。

3. 测量曲轴位置传感器线路

以实训车辆为例,测量车辆曲轴位置传感器数据,并将检测结果及维修建议填入表 1-2-3 中。

曲轴位置传感器线路测量　　　　　　表 1-2-3

序号	检测项目	检测内容	检测工具	检测结果	标准值	是否正常	维修建议
1	供电线路	电压	万用表		12V	是□　否□	
2	搭铁线路	电阻	万用表		<1.5Ω	是□　否□	
3	端子信号	电压	万用表		3～6V	是□　否□	

4. 维修结果检验

根据表 1-2-3 测量结果对故障部位进行维修,维修后重新对该功能进行检测,并将检测结果记录在表 1-2-4 中。

维修结果检验 表 1-2-4

检查项目	检查结果	操作要点
曲轴位置传感器线路是否正常	是□ 否□	
曲轴位置传感器线路电压是否正常	是□ 否□	
部件是否正常工作	是□ 否□	
系统功能是否正常	是□ 否□	
维修工具是否整理归位	是□ 否□	
维修工位是否打扫干净	是□ 否□	
工作页是否填写完整	是□ 否□	

想一想：

如果曲轴位置传感器损坏,会导致车辆无法起动吗?

任务 2 曲轴位置传感器的拆卸与安装

查阅相关资料或观察实验车辆,找出实训车辆曲轴位置传感器的安装位置。找到位置后,在图 1-2-16 中写出对应发动机传感器的名称。

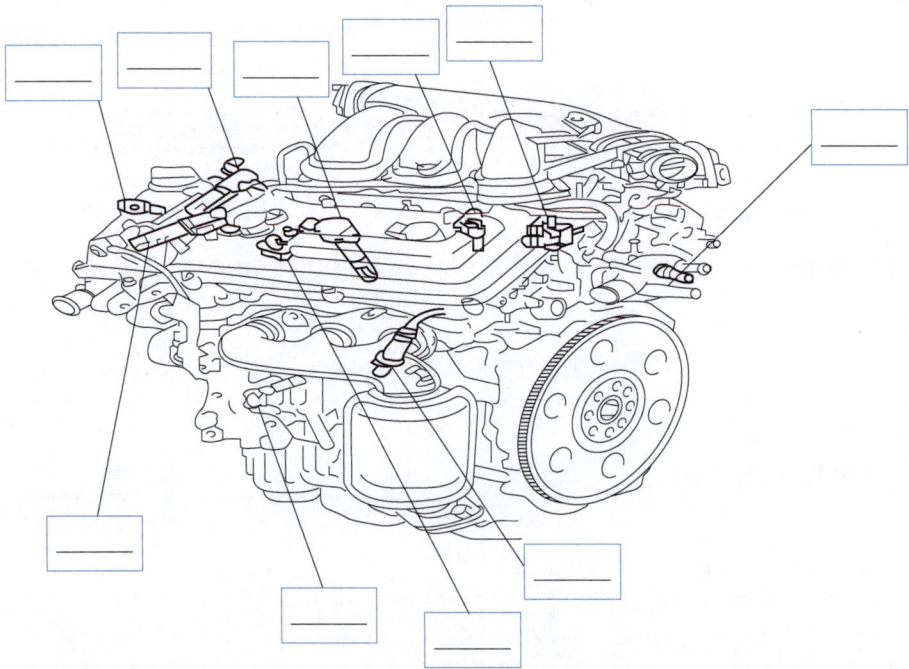

图 1-2-16 曲轴位置传感器安装位置

1. 拆卸曲轴位置传感器

本任务需对车辆曲轴位置传感器进行拆卸。参照维修手册,按照标准步骤完成曲轴位置传感器的拆卸,并在表1-2-5中总结出操作要点。

曲轴位置传感器拆卸　　　　　　　　表1-2-5

序号	操作内容	注意事项	操作要点
1	铺设车辆防护用品	按标准流程进行	
2	拆卸车辆相关附件	查询维修手册	
3	断开曲轴位置传感器相关线束	轻拿轻放	
4	拆卸曲轴位置传感器固定螺栓	拆下螺栓不要丢失	
5	取下曲轴位置传感器	—	

2. 安装曲轴位置传感器

本任务需对车辆曲轴位置传感器进行安装。参照维修手册,按照标准步骤完成曲轴位置传感器的安装,并在表1-2-6中总结出操作要点。

曲轴位置传感器安装　　　　　　　　表1-2-6

序号	操作内容	注意事项	操作要点
1	固定曲轴位置传感器至安装位置	将传感器安装到位,用手按到底,如果安装不到位,传感器与曲轴飞轮间隙过大就会导致信号异常	
2	按标准力矩安装固定螺栓	查询维修手册	
3	曲轴位置传感器线束连接	听到"咔哒"一声	
4	安装车辆相关附件	按标准流程进行安装	
5	整理及恢复	5S管理	

任务3　曲轴位置传感器测试

曲轴位置传感器对本身的安装精度有较高的要求,安装完成后起动发动机,用故障诊断仪读取曲轴位置传感器数据。

任务评价

完成表1-2-7所示学习情境评价表。

曲轴位置传感器学习情境评价表　　　　　　表 1-2-7

基本信息	姓名		学号		班级		组别	
	角色		任务			目标		
	规定时间		完成时间		考核日期		总评成绩	

考核内容	序号	实训步骤	评分标准	分值（分）	自评（分）	互评（分）	师评（分）	综合评分（分）
	1	准备工作	实训前期检查是否全面、到位	10				
	2	检查并安装防护用具,检查工具使用情况	检查是否全面规范安装护具,工具使用是否规范	10				
	3	曲轴位置传感器的故障检测	操作是否规范,步骤是否正确	15				
	4	曲轴位置传感器的拆卸与安装	操作是否规范,步骤是否正确	15				
	5	曲轴位置传感器测试	操作是否规范,步骤是否正确	15				
	6	5S 管理	整理、整顿、清扫、清洁、素养	10				
	7	团队协作	成员是否配合默契	10				
	8	沟通表达	是否能沟通交流,是否正确表达意思	10				
	9	工单填写	填写是否正确规范	5				
教师评语								

任务总结

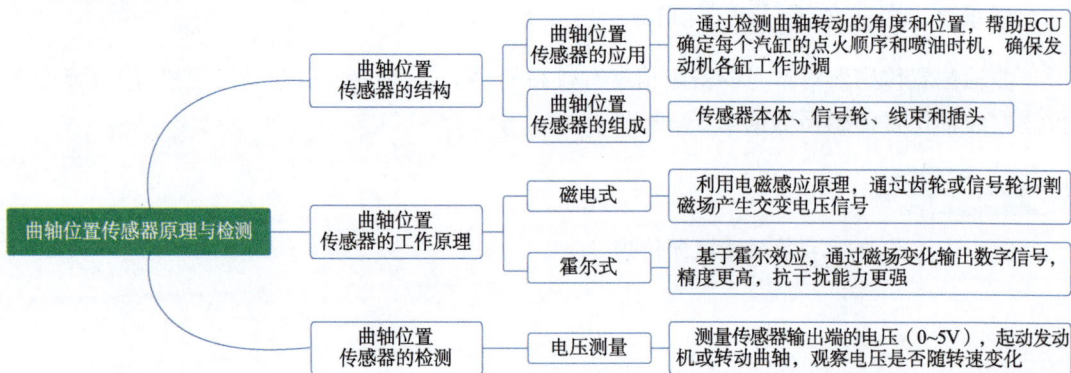

请写出完成本次任务的反思。

_____

_____

课后练习

一、单项选择题

1. 曲轴位置传感器的主要作用是(   )。

    A. 监测发动机转速和曲轴位置   B. 测量进气歧管内的压力

    C. 检测冷却液温度   D. 控制点火时机

2. 曲轴位置传感器通常安装在发动机的(   )。

    A. 排气歧管   B. 进气歧管

    C. 曲轴附近或飞轮壳上   D. 燃油箱

3. 曲轴位置传感器输出的信号类型通常是(   )。

    A. 模拟电压信号   B. 数字脉冲信号

    C. 频率信号   D. 连续变化的电流信号

4. 如果曲轴位置传感器故障,发动机可能会出现(   )症状。

    A. 发动机无法起动   B. 发动机起动后熄火

    C. 怠速不稳,加速无力   D. 所有上述症状都可能出现

5. 在检修曲轴位置传感器时,维修技师首先需要(   )。

    A. 更换新传感器   B. 检查传感器线路是否断路或短路

    C. 清洗传感器表面   D. 调整传感器与曲轴之间的间隙

6. 曲轴位置传感器与发动机控制单元(ECU)之间的连接通常通过(   )实现。

    A. 直接物理连接   B. 无线连接

    C. 专用信号线束   D. 通过网络总线(如CAN总线)

7. 以下哪项不是曲轴位置传感器常见的故障类型?(   )

    A. 传感器损坏   B. 线路断路或短路

    C. 传感器表面脏污   D. 传感器安装位置错误

二、填空题

1. 曲轴位置传感器是发动机管理系统中的重要部件,它主要用于检测_____和_____。

2. 如果曲轴位置传感器的输出信号异常,可能会导致发动机出现_____、_____等故障码,提示维修技师进行检修。

3. 曲轴位置传感器通过感知曲轴的_____变化,将这一机械运动转化为_____信号,供发动机控制单元(ECU)处理。

项目二

车身电气系统传感器原理与检测

学习目标

◈ 知识目标

1. 了解自动刮水系统传感器的工作原理、结构及特点。
2. 了解无钥匙进入系统传感器的工作原理、结构及特点。
3. 熟悉自动刮水系统传感器的技术参数。
4. 熟悉无钥匙进入系统传感器的技术参数。

◈ 技能目标

1. 能够选用合适的工具设备,完成自动刮水系统传感器装调测试。
2. 能够选用合适的工具设备,完成无钥匙进入系统传感器装调测试。
3. 能够按照标准流程操作完成自动刮水系统传感器的检测作业。
4. 能够按照标准流程操作完成无钥匙进入系统传感器的检测作业。

◈ 素养目标

1. 能够弘扬工匠精神,具有认真负责的态度以及持之以恒、精益求精的精神。
2. 能够与同学和教师建立良好的合作关系,具有良好的团队协作精神。
3. 能够提升实践操作能力、分析解决问题能力和灵活创新能力。

学习任务一　自动刮水系统传感器原理与检测

任务导入

你是比亚迪4S店维修技师,客户反映下雨天时,刮水器在晴天自动启动,在排除了刮水器电机及线路故障之后,需要对自动刮水系统传感器进行状态检测。请你在遵守车辆检测安全规则的情况下,制订合理的方案,完成自动刮水系统传感器的检测,如果必要的话,还需要进行旧件拆卸和新件安装。希望你通过这次实践,不仅学会如何操作,更能体会到作为一名技师的责任和乐趣。准备好了吗? 让我们开始吧!

任务资讯

一、自动刮水系统传感器结构组成

图2-1-1　自动刮水系统传感器安装位置

自动刮水系统传感器通常又称雨量光线传感器,用于实时监测风窗玻璃上的雨滴密度与大小,自动调节刮水速度(间歇/低速/高速),支持无级调速,根据雨量变化动态调整刮刷频率,如图2-1-1所示。除了基本的雨量检测,现代雨量光线传感器还可能集成亮度、阳光、湿度等环境因素的监测,甚至与抬头显示(HUD)等其他系统配合,以提供更全面的驾驶辅助。根据客户的需求,这些功能可以进行定制。例如光线感应功能,能够检测环境光照强度(如隧道/阴天/夜间),自动开启/关闭前照灯、日间行车灯或雾灯,联动仪表背光亮度调节,提升驾驶舒适性。

自动刮水系统传感器装于前风窗玻璃后视镜底部,主要由以下五部分组成。

(1)光学模块:包含红外发射器(LED)、光敏接收器(光电二极管/晶体管),用于发射和接收反射光信号。

(2)控制单元:集成微处理器(MCU),负责信号处理、逻辑判断及输出控制指令(如刮水/灯光控制)。

(3)透镜与导光层:安装于风窗玻璃内侧,确保光线均匀散射,减少外界干扰。

(4)外壳与密封:防水防尘设计(IP67等级),耐高温($-40 \sim 85$℃),适应汽车复杂环境。

(5)线束接口:通过CAN/LIN总线或硬线连接至车身控制模块(BCM)或刮水/灯光执行机构。

白色的两个点(红色圆圈标出)是光线传感器,分别监测车顶光线和车辆前方光线。在两个光线传感器之间有4个菱形图案,这四个菱形图案(绿色菱形标出)分别是2个发光二极管和2个光电二极管,用于监控雨量大小,如图2-1-2所示。

图 2-1-2　自动刮水系统传感器结构组成

二、自动刮水系统传感器的工作原理

自动刮水系统传感器通过发光二极管发射出一束光,当前风窗干燥时全部反射出来,光线大部分透过玻璃,光量反射到光电二极管上,接收器信号弱,说明此时无雨或雨量小。当前风窗湿润时,光线在雨滴表面散射,接收器信号增强,说明此时有雨或雨量大。其结果是反射光多少,取决于雨量大小。自动刮水系统传感器把此信号传递到间隙刮水控制器,从而激活刮水器工作,如图 2-1-3 所示。

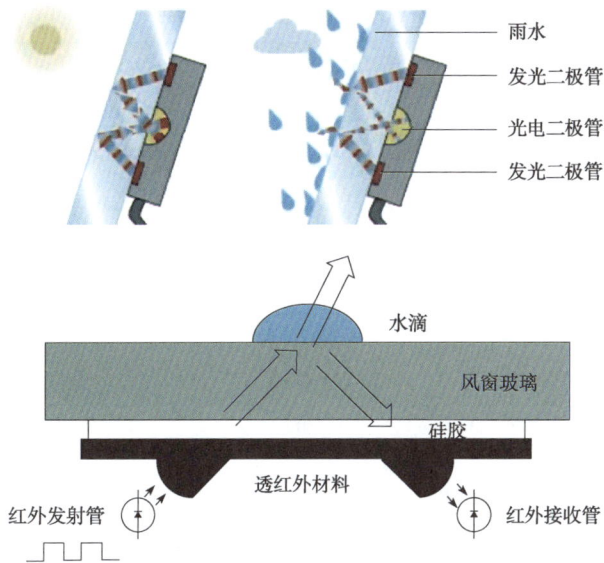

图 2-1-3　自动刮水系统传感器工作原理

光线传感器要识别出不同的道路情况和环境光线,例如:隧道、黄昏、树林、黎明等。

光线传感器分别将前区和全区的光线值反馈到控制单元内部,控制单元再用一个逻辑曲线得出一个当前的光线值和环境状态(图 2-1-4)。

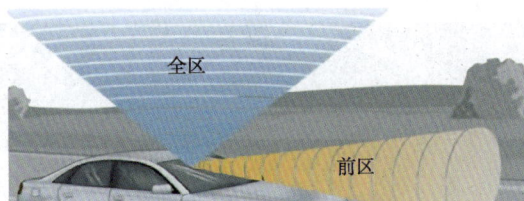

图 2-1-4　自动刮水系统传感器光线传感器识别区域

三、自动刮水系统传感器的特点

（1）高灵敏度：可检测直径 0.5mm 以上的雨滴，响应时间≤50ms。

（2）抗干扰能力：采用数字滤波技术，避免因玻璃污渍、触碰昆虫或振动导致的误触发。

（3）自适应学习：部分高端传感器具备自校准功能，适应不同玻璃透光率或贴膜影响。

> **想一想：**
> 自动刮水系统传感器具有哪些便利和优势？

四、自动刮水系统传感器的主要性能参数

自动刮水系统传感器技术参数涵盖光学性能、电气特性、机械结构及环境适应性等核心指标（表 2-1-1）。

自动刮水系统传感器性能参数　　　　　　　　　　表 2-1-1

参数分类	参数名称	典型值/范围	参数说明
光学性能	雨量检测范围	0.5 ~ 5mm 雨滴直径	可检测最小雨滴直径至最大有效检测范围
	光线检测范围	10 ~ 100000Lux	覆盖从昏暗环境到强日光的光照强度检测
	雨量灵敏度调节	低/中/高三级可调	通过诊断仪或硬件跳线调整灵敏度
	雨量响应时间	≤50ms	雨滴接触玻璃至刮水器启动的延迟时间
	光线响应时间	1 ~ 3s	光线变化至车灯动作的延迟，避免频繁切换
电气特性	工作电压	9 ~ 16V DC	兼容车辆 12V 电气系统
	静态电流（待机模式）	≤5mA	熄火后低功耗模式电流
	峰值电流（工作状态）	≤100mA	信号处理及控制输出的最大电流需求
	雨量信号输出类型	PWM（100 ~ 500Hz）	占空比对应刮水速度（0%停，100%高速）
	光线信号输出类型	模拟电压（0.5 ~ 4.5V）	电压值与光照强度线性相关
	通信协议	CAN/LIN 总线	高端车型通过总线传输数据
机械结构	安装尺寸	50mm × 30mm × 15mm	长×宽×高，适配主流车型安装空间
	防护等级	IP67	完全防尘，短时浸水（1m 水深 30min）
	透镜材质	光学级聚碳酸酯（PC）	透光率≥92%，抗紫外线老化
	线束接口类型	AMP Superseal 1.5 系列	防水插头，4 ~ 6 针脚设计

参数分类	参数名称	典型值/范围	参数说明
环境适应性	工作温度	−40 ~ +85℃	适应极端寒冷和高温环境
	存储温度	−50 ~ +100℃	非工作状态下的耐受范围
	湿度耐受	5% ~95% RH(无凝结)	潮湿环境中的长期稳定性
	振动耐受	10 ~2000Hz,5g 加速度	符合《汽车振动标准》(ISO 16750-3)

(1)光学性能:聚焦传感器对雨滴和光线的检测能力及响应速度。

(2)电气特性:定义供电需求、信号输出方式及兼容性。

(3)机械结构:描述物理尺寸、防护能力及关键组件材质。

(4)环境适应性:确保传感器在复杂工况下的可靠性。

> 分析讨论:
>
> 某车型因传感器参数设计缺陷导致雨天事故,谨记"严谨求精"工匠精神的重要性。

任务实施

一、任务准备

准备自动刮水系统传感器拆装和检修所需的用品和工具设备,见表2-1-2。

拆装实施操作准备 表 2-1-2

类别	所需物料
车辆防护用品	通用防护用品:车内防护用品、翼子板布;高压防护用品(新能源车辆):绝缘垫、隔离带、高压警示牌、绝缘手套、绝缘鞋、护目镜
测试仪器、设备	配备自动刮水系统的实训车、维修手册、汽车专用撬棒、诊断仪(如元征 X-431)、喷雾瓶、遮光罩、照度计、雨滴模拟装置(可调节水滴大小与频率)、示波器、可调光源、数字式万用表、T10/T15螺丝刀、玻璃清洁剂、无纺布

二、实操演练

任务1 自动刮水系统传感器的拆装及调试

1. 自动刮水系统传感器拆装

自动刮水系统传感器拆装,参考表2-1-3 和表2-1-4。

自动刮水系统传感器拆卸步骤 表 2-1-3

步骤	操作内容	注意事项	操作记录
1	断开车辆蓄电池负极,防止短路	电动车辆注意高压防护	

续上表

步骤	操作内容	注意事项	操作记录
2	确认传感器位置	查询维修手册,通常位于内后视镜基座后方	
3	铺设车辆防护用品	按需铺设,电动车辆应铺设绝缘防护	
4	拆卸车辆相关附件	按标准流程进行拆卸	
5	用撬棒分离传感器外壳卡扣	避免划伤玻璃	
6	断开线束插头	按压锁止机构	
7	移除固定螺栓,取下传感器总成	确保传感器整体完好	

自动刮水系统传感器安装步骤   表 2-1-4

步骤	操作内容	注意事项	操作记录
1	断开车辆蓄电池负极,防止短路	电动车辆注意高压防护	
2	确认传感器位置	查询维修手册,通常位于内后视镜基座后方	
3	铺设车辆防护用品	按需铺设,电动车辆应铺设绝缘防护	
4	清洁风窗玻璃安装区域	确保无油污、灰尘	
5	按原厂标记对齐传感器	查询维修手册	
6	均匀拧紧固定螺栓	查询维修手册拧紧力矩:3~5N·m	
7	连接线束,安装外壳	连接软垫没有损坏	
8	通电测试功能	更换雨量和光线传感器后需要编码	

规范检查:

是否规范使用防静电手套? 安装后刮水器自动模式是否正常响应喷雾测试?

2. 自动刮水系统传感器灵敏度调试与标定

进行自动刮水系统灵敏度调试与标定,参考表 2-1-5。

自动刮水系统传感器调试标定步骤   表 2-1-5

步骤	操作内容	注意事项	操作记录
1	雨量灵敏度标定:进入诊断仪"雨量传感器校准"菜单		
2	雨量灵敏度标定:喷洒不同水量模拟小雨/暴雨,观察刮水器动作		
3	若响应延迟:增大灵敏度参数	如从 Level 2 调至 Level 3	
4	若误触发:降低灵敏度或启用滤波功能		
5	光线阈值设定:使用照度计测量环境光	调整"前照灯开启阈值"至 50 Lux	
6	光线阈值设定:覆盖遮光罩模拟夜间,验证车灯是否自动点亮		
7	雨量检测精度测试:在风窗玻璃上喷洒不同直径水滴	水滴直径:0.5mm、2mm、5mm	

步骤	操作内容	注意事项	操作记录
8	雨量检测精度测试:测量传感器输出的 PWM 信号占空比,验证与雨滴密度的线性关系	计算误差率(要求 ≤ ±5%)	
9	光线检测线性度测试:调节光源强度,记录照度计读数	10 ~ 100000 Lux	
10	光线检测线性度测试:测量传感器输出电压,绘制光照-电压曲线	检查线性度偏差(要求 ≤ ±3%)	

任务 2　自动刮水系统传感器状态检测

1. 自动刮水系统传感器外观及安装状态检查

对自动刮水系统传感器外观及安装状态进行检查,完成表 2-1-6 的填写。

自动刮水系统传感器外观及安装状态检查　　　　表 2-1-6

序号	检查项目	检查内容	是否正常	维修意见
1	自动刮水系统传感器外观	是否脏污	是□　否□	更换传感器
		外壳是否破损	是□　否□	
		是否有进水痕迹	是□　否□	
		是否有敲击痕迹	是□　否□	
2	自动刮水系统传感器安装位置	安装位置是否正确	是□　否□	重新安装调整
		安装是否紧固	是□　否□	
		基座是否变形	是□　否□	
3	自动刮水系统传感器线束接口	接口是否存在虚接、破损、进水以及异物等情况	是□　否□	更换或修复
4	自动刮水系统传感器线束	线束是否存在破损、折断、烧蚀等情况	是□　否□	更换或修复

2. 画出传感器电路图

查阅对应车辆品牌厂家整车电路,在下框中画出自动刮水系统传感器的相关电路图。

3. 测量自动刮水系统传感器线路

以实训车辆为例,测量车辆自动刮水系统传感器数据,并将检测结果及维修意见填入表 2-1-7 中。

自动刮水系统传感器线路测量(活页)   表 2-1-7

序号	检测项目	检测内容	检测工具	检测结果	标准值	是否正常	维修建议
1	读取故障码	传感器故障代码	诊断仪		雨量光线传感器信号	是□ 否□	
2	供电线路	电压	万用表		$(12 \pm 0.5)V$	是□ 否□	
3	搭铁线路	电阻	万用表		$<1\Omega$	是□ 否□	
4	信号线	电压	万用表		1.5V	是□ 否□	
5	CAN 总线终端电阻	电阻	万用表		60Ω	是□ 否□	

4. 维修方案及结果检验

维修方案如下。

(1)若线束短路:修复或更换线束。

(2)若控制单元损坏:更换传感器总成并重新标定。

根据表 2-1-7 测量结果对故障部位进行维修,维修后重新对该功能进行检查,并将检查结果记录在表 2-1-8 中。

维修结果检验   表 2-1-8

序号	检查项目	检查结果	操作要点
1	清洁光学透镜,排除污渍干扰	是□ 否□	
2	替换备用传感器验证是否硬件损坏	是□ 否□	
3	自动刮水系统传感器线路是否恢复正常	是□ 否□	
4	自动刮水系统传感器线路电压是否恢复正常	是□ 否□	
5	故障部件是否正常工作	是□ 否□	
6	系统功能是否恢复正常	是□ 否□	
7	维修工具是否整理归位	是□ 否□	
8	维修工位是否打扫干净	是□ 否□	
9	工作页是否填写完整	是□ 否□	

> **现场模拟:**
>
> 分组故意设置错误阈值,让对方分析刮水/灯光异常现象。

任务评价

完成表 2-1-9 所示学习情境评价表。

自动刮水系统传感器原理与检修学习情境评价表　　　　表 2-1-9

<table>
<tr><td rowspan="3">基本信息</td><td>姓名</td><td></td><td>学号</td><td></td><td colspan="2">班级</td><td colspan="2">组别</td><td></td></tr>
<tr><td>角色</td><td></td><td>任务</td><td></td><td colspan="3">目标</td><td></td><td></td></tr>
<tr><td>规定时间</td><td></td><td>完成时间</td><td></td><td colspan="2">考核日期</td><td colspan="2">总评成绩</td><td></td></tr>
<tr><td rowspan="10">考核内容</td><td>序号</td><td>实训步骤</td><td colspan="2">评分标准</td><td>分值（分）</td><td>自评（分）</td><td>互评（分）</td><td>师评（分）</td><td>综合评分（m）</td></tr>
<tr><td>1</td><td>准备工作</td><td colspan="2">实训前期检查是否全面、到位</td><td>10</td><td></td><td></td><td></td><td></td></tr>
<tr><td>2</td><td>检查并穿戴防护用具,检查工具</td><td colspan="2">检查是否全面规范穿戴护具,工具是否规范</td><td>10</td><td></td><td></td><td></td><td></td></tr>
<tr><td>3</td><td>自动刮水系统传感器的拆卸与安装</td><td colspan="2">操作是否规范,步骤是否正确</td><td>15</td><td></td><td></td><td></td><td></td></tr>
<tr><td>4</td><td>自动刮水系统传感器的装调测试</td><td colspan="2">操作是否规范,步骤是否正确</td><td>15</td><td></td><td></td><td></td><td></td></tr>
<tr><td>5</td><td>自动刮水系统传感器的状态检测</td><td colspan="2">操作是否规范,步骤是否正确</td><td>15</td><td></td><td></td><td></td><td></td></tr>
<tr><td>6</td><td>7S 管理</td><td colspan="2">整理、整顿、清扫、清洁、素养、安全、节约</td><td>10</td><td></td><td></td><td></td><td></td></tr>
<tr><td>7</td><td>团队协作</td><td colspan="2">成员是否配合默契</td><td>10</td><td></td><td></td><td></td><td></td></tr>
<tr><td>8</td><td>沟通表达</td><td colspan="2">是否能沟通交流,是否正确表达意思</td><td>10</td><td></td><td></td><td></td><td></td></tr>
<tr><td>9</td><td>工单填写</td><td colspan="2">填写是否正确规范</td><td>5</td><td></td><td></td><td></td><td></td></tr>
<tr><td>教师评语</td><td colspan="9"></td></tr>
</table>

任务总结

光学模块 —— 用于发射和接收反射光信号

控制单元 —— 负责信号处理、逻辑判断及输出控制指令

透镜与导光层 —— 确保光线均匀散射，减少外界干扰

外壳与密封 —— 确保传感器适应汽车复杂环境

线束接口 —— 连接至车身控制模块

结构组成

性能参数：光学性能、电气特性、机械结构、环境适应性

装调测试：拆装、调试、标定

故障检修：刮水器在晴天自动启动、电路检测、光学原件检测

自动刮水系统传感器原理与检测

工作原理：雨量检测、光线检测

特点：高灵敏度、抗干扰能力、自适应学习

请写出完成本次任务的反思。

_____

_____

课后练习

一、单项选择题

1.自动刮水系统传感器的控制单元主要负责以下（   ）功能。

　　A.发射红外光信号　　　　　　　　B.防水防尘设计

　　C.信号处理与输出控制指令　　　　D.连接车身控制模块

2.传感器检测到风窗玻璃湿润时,光电接收器的信号会如何变化？（   ）

　　A.信号增强　　　　B.信号减弱　　　　C.信号消失　　　　D.信号无变化

3.自动刮水系统传感器的防护等级 IP67 表示其具备（   ）特性。

　　A.完全防尘且可短时浸水　　　　　B.仅防尘不防水

　　C.仅防水不防尘　　　　　　　　　D.仅防轻微喷水

4.传感器的光线检测范围覆盖的光照强度是（   ）。

　　A.1～1000Lux　　　　　　　　　B.10～100000Lux

　　C.0.5～4.5V　　　　　　　　　　D.9～16V DC

5.（   ）是自动刮水系统传感器的核心抗干扰技术。

　　A.自适应学习功能　　　　　　　　B.数字滤波技术

　　C.光学级聚碳酸酯透镜　　　　　　D.CAN 总线通信

6.传感器的雨量响应时间要求是（   ）。

　　A.≤50ms　　　　B.1～3s　　　　C.≤5mA　　　　D.100～500Hz

7.透镜与导光层的主要作用是（   ）。

　　A.发射红外光信号　　　　　　　　B.确保光线均匀散射,减少干扰

　　C.控制刮水速度　　　　　　　　　D.连接车身控制模块

8.若某车型刮水传感器因参数设计缺陷导致事故,最可能违反以下哪项工匠精神?(　　)

　　A.创新驱动　　　　B.严谨求精　　　C.团队协作　　　　D.成本优先

9.传感器的工作电压范围是(　　)。

　　A.0.5~4.5V　　　　B.9~16V DC　　　C.5%~95% RH　　　D.-40~+85℃

10.自动刮水系统中,光线传感器监测的两种光线来源是(　　)。

　　A.车顶光线和车辆前方光线　　　　　B.车内灯光和外部阳光

　　C.雨滴反射光和红外光　　　　　　　D.激光雷达和摄像头信号

二、论述题

1.请简述自动刮水系统传感器如何根据雨量大小动态调整刮水速度,并说明其核心组件的作用。

2.自动刮水系统传感器在设计时考虑了哪些环境适应性和抗干扰措施?请列举并简要说明其重要性。

学习任务二　无钥匙进入系统传感器原理与检测

任务导入

　　你是比亚迪4S店维修技师,客户反映拿遥控钥匙靠近车辆时,车辆解锁反应延迟,并且在雨天解锁失效,初步判断是无钥匙进入系统出现了问题。在排除了线路故障之后,需要对无钥匙进入系统传感器进行状态检测。请你在遵守车辆检测安全规则的情况下,制订合理的方案,完成无钥匙进入系统传感器的检测,如果必要的话,还需要进行旧件拆卸和新件安装。希望你通过这次实践,不仅学会如何操作,更能体会到作为一名技师的责任和乐趣。准备好了吗?让我们开始吧!

任务资讯

一、无钥匙进入系统传感器结构组成

　　无钥匙进入系统(Keyless Entry System),或称无钥匙进入及起动系统(Passive Entry & Passive Start,PEPS),采用先进的无线射频识别技术,通过PEPS控制器驱动低频天线查找智能钥匙,并进行认证,认证通过后,可以开闭门锁及起动发动机。

　　该系统能实现驾驶侧、副驾驶侧和行李舱三个区域的无钥匙进入和离开功能,驾驶侧及副驾驶侧采用双电容触摸传感器触发,行李舱盖采用微动开关触发。在所有车门(包括行李舱)关闭的情况下能正确检测智能钥匙的位置,包括车内,车外和行李舱内。当智能钥匙被遗忘在车内或行李舱内且用户企图锁车时,该系统将发出警告,并禁止车辆上锁。无钥匙进入系统工作场景如图2-2-1所示。

图 2-2-1　无钥匙进入系统工作场景

无钥匙进入系统主要包括以下部分,如图 2-2-2 所示。

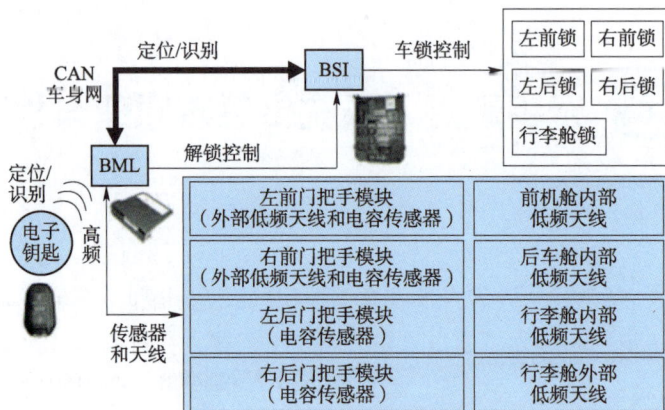

图 2-2-2　无钥匙进入系统功能模块

(1)电容式接近传感器:安装在车门把手或行李舱感应区,用于检测人体接近或触摸时的电容变化。

(2)低频天线:分布在车辆周围(如车门把手、车身、行李舱等位置),用于发射低频信号激活钥匙,并接收钥匙的高频响应信号。

(3)控制单元:例如进入及起动许可控制单元(如 J965),负责接收传感器信号、控制天线发射信号、验证钥匙身份,并与其他车辆控制单元(如车身控制模块、发动机控制单元等)通信。

(4)线路连接:传感器与控制单元之间通过线束连接,传输信号和电源。

电容式接近传感器是一种基于电容原理工作的传感器,它通过测量传感器与目标物体之间的电容变化来检测物体的接近程度或位置。电容式接近传感器广泛应用于工业自动化、机器人、消费电子、汽车电子等领域。例如,在工业自动化中,电容式接近传感器可以用于检测物料的位置、尺寸和形状;在机器人领域,它可以用来实现机器人的避障和路径规划;在消费电子领域,它则常用于触摸屏和触控板的制作中。在汽车上用于无钥匙进入系统的电容式接近传感器主要由以下 5 个部分组成。

（1）感应电极：采用高精度铜箔阵列或 ITO（氧化铟锡）导电膜，覆盖在门把手内侧，形成静电场。

（2）屏蔽层：环绕电极的金属网格结构，用于抑制电磁干扰（如手机信号、车载电机干扰）。

（3）高频振荡电路：生成 1MHz 基准频率，通过电容变化检测频率偏移。

（4）信号处理模块：

①MCU 微控制器，执行滤波算法（如卡尔曼滤波）和环境补偿逻辑。

②ADC 模数转换器，将电容变化量转换为数字信号（分辨率 0.1pF）。

（5）防护层：IP69K 级硅胶密封，防止水汽渗透和物理磨损。

二、无钥匙进入系统传感器的工作原理

电容式接近传感器的工作原理基于电容器的基本特性。电容器由两块金属板（电极）和夹在它们之间的电介质组成，当在这两块金属板之间施加电压时，它们之间就会形成电场，并储存电荷。当有其他物体（如人体、金属、非金属等）接近传感器时，会改变传感器与物体之间的电容值，这个变化可以被传感器检测到并转化为电信号输出。有很多种方法可以将静电电容量转换为开关的 ON/OFF 状态，其中最简单的方法是张弛振荡方式，如图 2-2-3 所示。

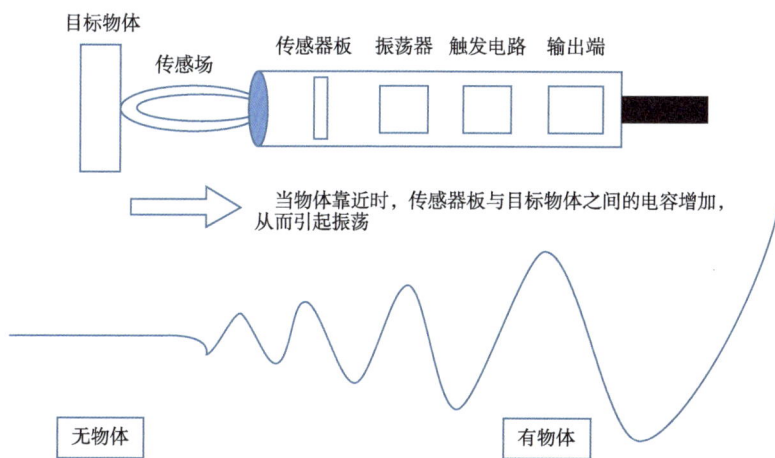

图 2-2-3　电容式接近传感器工作原理

（1）静电场生成：电极通高频交流电（1MHz），在门把手周围形成微弱电场。

（2）电容变化检测：手部接近时，人体电容与电极耦合，导致系统总电容增加（$\Delta C \geq 0.3\text{pF}$）。

（3）频率偏移转换：振荡电路输出频率随电容变化而偏移（如从 1.000MHz 降至 0.995MHz）。

（4）数字信号处理：MCU 通过 FFT（快速傅立叶变换）算法分析频率变化，排除瞬时干扰（如飞虫掠过），输出 TTL（晶体管-晶体管逻辑）电平信号。

三、无钥匙进入系统传感器的特点

（1）非接触式测量：电容式接近传感器可以在不接触目标物体的情况下进行测量，避免

了机械磨损和污染问题,寿命可达 10 万次以上操作次数。

(2)高灵敏度:由于电容变化对物体接近的微小变化非常敏感,因此,电容式接近传感器具有很高的灵敏度。可通过诊断仪设置 4 级灵敏度(如车库环境用低灵敏度防误触)。

(3)适应性强:电容式接近传感器可以检测各种材料(包括金属、非金属、液体等)的接近程度,具有很强的适应性,采用差分电极设计,消除车门金属对电容场的干扰。

(4)多点触控:电容式传感器可以实现多点触控功能,适用于触摸屏、触控板等应用场合。

(5)实时响应:从检测到信号输出,延迟 <50ms,可满足快速响应要求。

电容式接近传感器根据测量原理的不同,可以分为自电容式和互电容式两种:

(1)自电容式:自电容传感器测量的是单个电极与搭铁(或参考电极)之间的电容变化。当物体接近电极时,会改变电极与搭铁之间的电容值,从而实现检测。

(2)互电容式:互电容传感器则通过测量两个或多个电极之间的电容变化来工作。当物体接近这些电极时,会改变它们之间的电容分布,从而实现多点触控或更复杂的检测功能。

小组讨论:

在车辆上配备无钥匙进入系统具有哪些优势和风险?学会用科学辩证方法一分为二地看待问题。

四、无钥匙进入系统传感器的主要性能参数

无钥匙进入系统电容式接近传感器技术参数详见表 2-2-1。

无钥匙进入系统电容式接近传感器性能参数　　　　　　　　　表 2-2-1

参数名称	典型值/范围	参数说明
工作电压	DC(5 ± 0.5)V	由 BCM(车身控制模块)稳压供电
检测距离	0 ~ 10cm(可软件调节)	默认设定值:(5 ± 1)cm
响应时间	≤50ms	从手部接近到信号输出
分辨率	0.1pF	最小可检测电容变化量
工作温度	-30 ~ 105℃	支持冷起动(-20℃预热 30s)
防护等级	IP69K	防高压水枪喷射
功耗	工作模式:5mA,休眠模式:2μA	符合 ISO 16750-2 标准

任务实施

一、任务准备

准备无钥匙进入系统传感器拆装和检修所需的用品和工具设备,见表 2-2-2。

拆装实施操作准备　　　　　　　　　　　　　　　　　　表 2-2-2

类别	所需物料
车辆防护用品	通用防护用品:车内防护用品、翼子板布;高压防护用品(新能源车辆)、防静电手环、绝缘垫、隔离带、高压警示牌、绝缘手套、绝缘鞋、护目镜
测试仪器、设备	配备无钥匙进入系统的实训车、维修手册、门把手拆卸工具(J-42680)、热风枪(80℃恒温模式)、数显千分尺(精度 0.01mm)、静电防护垫、电容模拟器(Keysight E4980AL)、汽车诊断仪(Techstream V2.0)示波器(带宽≥200MHz)、标准测试板(模拟人体电容100pF)、诊断仪、示波器、数字式万用表、扭力扳手、热风枪、螺丝刀等

二、实操演练

任务 1　无钥匙进入系统传感器的拆装及调试

1. 无钥匙进入系统传感器拆装

无钥匙进入系统传感器拆装步骤见表 2-2-3。

无钥匙进入系统传感器拆装步骤　　　　　　　　　　　　表 2-2-3

步骤	操作内容	注意事项	操作记录
1	断开车辆蓄电池负极,防止短路	电动车辆注意高压防护	
2	确认传感器位置	查询维修手册,位于四门把手内侧	
3	铺设车辆防护用品	按需铺设,电动车辆应铺设绝缘防护	
4	拆卸门内饰板	使用塑料撬棒分离车门扶手饰盖及螺钉	
5	分离传感器模块	断开插头前记录线序(拍照存档)	
6	拆卸门把手,用热风枪软化门把手密封胶(60℃/20s)	沿卡扣垂直方向施力,避免折断卡扣	
7	数据记录	测量旧传感器电极对地电容值(正常范围:12～18pF)	
8	安装新传感器	对应连接内饰板线束	
9	使用扭力扳手紧固支架螺栓	查找维修手册[(4.5±0.5)N·m]	
10	安装后检查	确保传感器与把手间距公差≤0.3mm	

> **关注记录:**
> 强调数据记录填写规范(如电容校准值、力矩参数必须存档),切实提升职业素养提升。

2. 无钥匙进入系统传感器装调测试

完成无钥匙进入系统传感器的装调测试,并记录在表 2-2-4 中。

无钥匙进入系统传感器调试步骤 表2-2-4

步骤	操作内容	注意事项	操作记录
1	硬件校准:使用电容模拟器注入15pF基准信号,调整MCU的零偏值	寄存器地址0x3D写入0x00	
2	软件配置:进入诊断仪"Body ECU"→"Customize"→"Proximity Sensor",设置灵敏度等级	Level 2为出厂默认	
3	动态测试:用测试板以10cm/s速度接近传感器,示波器捕获TP2点信号	正常波形:1MHz方波幅值从3.3V降至(2.2 ± 0.1)V。 异常判定:幅值变化<1V或响应时间>70ms需重新校准	

任务2　无钥匙进入系统传感器状态检测

1. 无钥匙进入系统传感器外观及安装状态检查

对无钥匙进入系统传感器外观及安装状态进行检查,并完成表2-2-5的填写。

无钥匙进入系统传感器外观及安装状态检查 表2-2-5

序号	检查项目	检查内容	是否正常	维修意见
1	无钥匙进入系统传感器外观	是否脏污	是□ 否□	更换传感器
		外壳是否破损	是□ 否□	
		是否有进水痕迹	是□ 否□	
		是否有敲击痕迹	是□ 否□	
2	无钥匙进入系统传感器安装位置	安装位置是否正确	是□ 否□	重新安装调整
		安装是否紧固	是□ 否□	
		基座是否变形	是□ 否□	
3	无钥匙进入系统传感器线束接口	接口是否存在虚接、破损、进水以及异物等情况	是□ 否□	更换或修复
4	无钥匙进入系统传感器线束	线束是否存在破损、折断、烧蚀等情况	是□ 否□	更换或修复

2. 画出传感器电路图

查阅对应车辆品牌厂家整车电路,在下框中画出无钥匙进入系统传感器的相关电路图。

3. 测量无钥匙进入系统传感器线路

以实训车辆为例,测量车辆无钥匙进入系统传感器数据,并将检测结果及维修建议填入表 2-2-6 中。

无钥匙进入系统传感器线路测量 表 2-2-6

序号	检测项目	检测内容	检测工具	检测结果	标准值	是否正常	维修建议
1	读取故障码	传感器故障代码	诊断仪		无钥匙进入系统传感器信号	是□ 否□	
2	供电线路	电压	万用表		(12 ± 0.5)V	是□ 否□	
3	搭铁线路	电阻	万用表		<1Ω	是□ 否□	
4	信号线	电压	万用表		1.5V	是□ 否□	
5	CAN 总线终端电阻	电阻	万用表		60Ω	是□ 否□	

4. 维修方案及结果检验

维修方案如下。

(1)信号追踪:示波器检测传感器输出端(Pin3),无信号则检查 5V 供电;有信号但幅值低,则检查屏蔽层搭铁。

(2)环境干扰检测:在传感器旁放置手机(通话状态),观察误触发率(合格标准:≤1 次/10min)。

(3)密封性验证:将传感器浸入 50℃温水 30min,取出后测量绝缘电阻(>10MΩ 为合格)。

(4)若线束短路:修复或更换线束。

(5)若控制单元损坏:更换传感器总成并重新标定。

根据表 2-2-6 测量结果对故障部位进行维修,维修后重新对该功能进行检查,并将检查结果记录在表 2-2-7 中。

维修结果检验 表 2-2-7

序号	检查项目	检查结果	操作要点
1	替换备用传感器验证是否硬件损坏	是□ 否□	
2	无钥匙进入系统传感器线路是否恢复正常	是□ 否□	
3	无钥匙进入系统传感器线路电压是否恢复正常	是□ 否□	
4	故障部件是否正常工作	是□ 否□	
5	系统功能是否恢复正常	是□ 否□	
6	维修工具是否整理归位	是□ 否□	
7	维修工位是否打扫干净	是□ 否□	
8	工作页是否填写完整	是□ 否□	

自主拓展:

查询更多的资料,与同学分享讨论无钥匙进入系统传感器将来的变化形式和发展趋势。

任务评价

完成表 2-2-8 所示学习情境评价表。

无钥匙进入系统传感器原理与检修学习情境评价表   表 2-2-8

基本信息	姓名			学号		班级			组别	
	角色			任务			目标			
	规定时间		完成时间			考核日期			总评成绩	

	序号	实训步骤	评分标准	分值（分）	自评（分）	互评（分）	师评（分）	综合评分（分）
考核内容	1	准备工作	实训前期检查是否全面、到位	10				
	2	检查并穿戴防护用具，检查工具	检查是否全面规范穿戴护具，工具是否规范	10				
	3	无钥匙进入系统传感器的拆卸与安装	操作是否规范，步骤是否正确	15				
	4	无钥匙进入系统传感器的装调测试	操作是否规范，步骤是否正确	15				
	5	无钥匙进入系统传感器的状态检测	操作是否规范，步骤是否正确	15				
	6	7S 管理	整理、整顿、清扫、清洁、素养、安全、节约	10				
	7	团队协作	成员是否配合默契	10				
	8	沟通表达	是否能沟通交流，是否正确表达意思	10				
	9	工单填写	填写是否正确规范	5				
教师评语								

任务总结

```
                                    感应电极 ─── 覆盖在门把手内侧，形成静电场
                            结构     屏蔽层 ─── 环绕电极的金属网格结构
                            组成    高频振荡电路 ─── 通过电容变化检测频率偏移
  工作电压                          信号处理模块 ─── MCU微控制器
  检测距离                                        ─── ADC模数转换器
  响应时间
  分辨率      性能参数
  工作温度                                       静电场生成
  防护等级                                工作    电容变化检测
  功耗                                    原理    频率偏移转换
          无钥匙进入系统                          数字信号处理
          传感器原理与检测
  拆装                                           非接触式测量
  调试      装调测试                              高灵敏度
                                        特点     适应性强
  左前门解锁响应延迟                               多点触控
  外观及安装检查   故障检修                        实时响应
  传感器线路检测
```

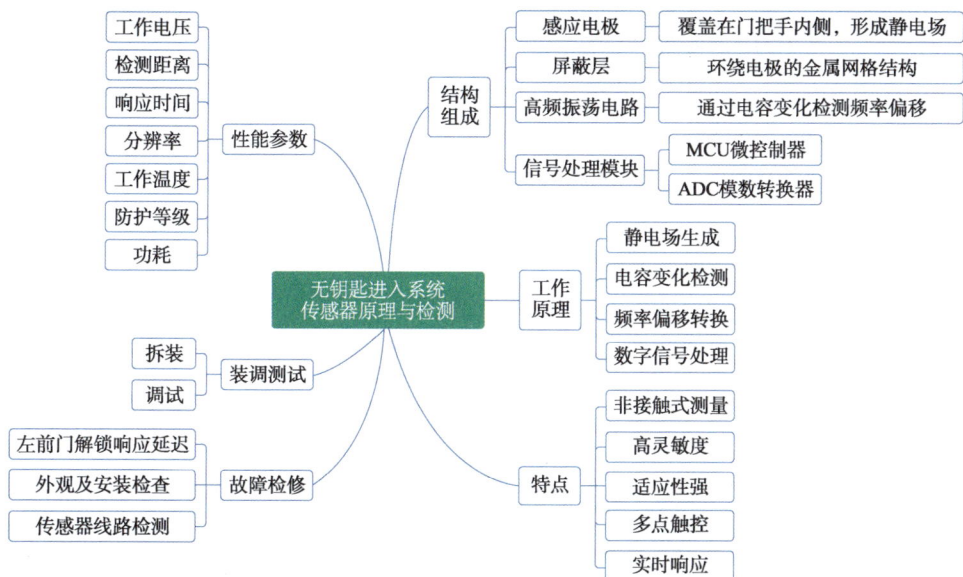

请写出完成本次任务的反思。

_____

_____

课后练习

一、单项选择题

1. 无钥匙进入系统中一般后背门采用(　　)方式触发。

   A. 微动开关　　　　B. 双电容触摸　　　C. 单电容触摸　　　D. 压电感应

2. 当智能钥匙被遗忘在车内或行李舱箱内且用户企图锁车时,无钥匙进入系统将(　　),并禁止车辆上锁。

   A. 停止工作　　　　B. 无响应　　　　C. 打开门锁　　　　D. 发出警告

3. 无钥匙进入系统的电容式接近传感器防护层等级为(　　)。

   A. IP54 级硅胶密封　　　　　　　　B. IP67 级硅胶密封

   C. IP68 级硅胶密封　　　　　　　　D. IP69K 级硅胶密封

4. 电容式接近传感器可以在不接触目标物体的情况下进行测量,避免了机械磨损和污染问题,寿命可达(　　)以上操作次数。

   A. 1 万次　　　　　B. 10 万次　　　　C. 100 万次　　　　D. 200 万次

5. 互电容传感器则通过测量两个或多个电极之间的(　　)来工作。

   A. 电压变化　　　　B. 电流变化　　　　C. 电阻变化　　　　D. 电容变化

6. 无钥匙进入系统的电容式接近传感器的感应电极材料通常采用(　　)。

   A. 铁片　　　　　　B. 铜箔阵列　　　　C. 塑料薄膜　　　　D. 陶瓷片

7. 电容式接近传感器检测手部接近的最小电容变化值为(　　)。

A.0.1pF　　　　　B.0.3pF　　　　　C.1.0pF　　　　　D.5.0pF

8.动态测试中用测试板以（　　　）速度接近传感器,示波器捕获 TP2 点信号。

　　A.10cm/s　　　　　B.20cm/s　　　　　C.30cm/s　　　　　D.50cm/s

9.在装调测试中,用于模拟电容变化的设备是（　　　）。

　　A.万用表　　　　　B.示波器　　　　　C.电容模拟器　　　　D.诊断仪

10.电容式接近传感器的响应时间要求为（　　　）。

　　A.≤50ms　　　　　B.≤100ms　　　　　C.≤200ms　　　　　D.≤500ms

二、简答题

1.简述无钥匙进入系统传感器的工作原理。

2.简述说明无钥匙进入系统传感器状态检测步骤。

项目三
驱动电机系统传感器原理与检测

学习目标

◈ **知识目标**

1. 了解驱动电机系统旋变传感器和温度传感器的结构及特点。
2. 熟悉旋变传感器测量驱动电机转速的原理。
3. 熟悉温度传感器测量驱动电机温度的原理。

◈ **技能目标**

1. 能够识读旋变传感器和温度传感器的电路图。
2. 能够使用专业设备,完成旋变传感器和温度传感器的测试。

◈ **素养目标**

1. 能够自觉遵守法律、法规以及技术标准规定。
2. 能够弘扬工匠精神,具有认真负责的态度以及持之以恒、精益求精的精神。
3. 能够与同学和教师建立良好的合作关系,具有良好的团队协作精神。
4. 能够在实际操作过程中,培养动手实践能力,重视培养质量意识、安全意识、节能环保意识、规范操作意识及创新意识。

学习任务一　驱动电机旋变传感器原理与检测

任务导入

你是比亚迪 4S 店维修技师，客户反映打开起动开关后仪表板上有多个故障灯点亮，换挡杆拨至 D 位或 R 位，车辆均无法正常行驶。请你在遵守车辆检测安全规则的情况下，制订合理的方案，完成驱动电机系统旋变传感器的检测，如果必要的话，还需要进行旧件拆卸和新件安装。希望你通过这次实践，不仅学会如何操作，更能体会到作为一名技师的责任和乐趣。准备好了吗？让我们开始吧！

任务资讯

一、驱动电机旋变传感器的结构

在新能源汽车的众多核心技术中，驱动电机的精确控制是关键环节之一，它直接影响着车辆的动力性能、续驶里程以及驾驶舒适性。而旋变传感器作为驱动电机控制系统中的关键部件，承担着实时监测电机转子位置、转速等重要信息的重任，并将这些信息反馈给电机控制器，以实现对电机的精准控制。

从外观上看，旋变传感器一般呈圆柱形或长方体形等规则形状，外壳多采用金属材质，具备一定的防护性与散热性。其安装位置通常是紧密贴合在驱动电机的端部，与电机的转子、定子等部件有着精确的相对位置关系，以确保能够准确地获取转子的相关运动信息。例如，在大多数纯电动汽车的永磁同步驱动电机上，旋变传感器会安装在电机非输出轴一端，通过特制的连接装置与电机壳体固定，并且其内部的转子部分会与电机转子同轴连接，保障同步转动。比亚迪秦 EV 纯电动汽车驱动电机旋变传感器如图 3-1-1 所示。

比亚迪秦 EV
驱动电机介绍

图 3-1-1　比亚迪秦 EV 纯电动汽车驱动电机旋变传感器

驱动电机转速
传感器

旋变传感器主要由励磁线圈、正弦线圈、余弦线圈、信号处理电路以及外壳等核心部分组成。定子作为固定不动的部件,是产生磁场的关键部分,内部包含有绕组和铁芯等结构,它为整个传感器的电磁感应过程提供基础磁场环境。转子则是与驱动电机转子同步旋转的部件,其结构特点会根据不同的传感器设计有所差异,在旋转过程中会与定子磁场相互作用产生变化的磁场,进而感应出相应的电信号。励磁线圈作为传感器的输入部分,当通入一定频率的交流电时,会在其周围产生交变磁场,该磁场为后续的电磁感应过程提供能量来源,是整个传感器工作的驱动源头。其匝数、线径以及绕制工艺等参数会直接影响所产生磁场的强度与稳定性,进而影响传感器的性能。正弦线圈与余弦线圈在空间上呈90°分布,它们作为输出侧线圈,负责感应因转子转动而变化的磁场,并产生与之对应的正弦、余弦信号。这些信号携带了电机转子位置、转速等关键信息,其精度与稳定性对于准确反馈电机运行状态至关重要。在制造工艺上,需要保证线圈的匝数精确、分布均匀,以及良好的绝缘性能,以减少信号干扰与误差。

信号处理电路负责对转子感应出的微弱电信号进行放大、滤波、整形等处理,使其能够以合适的形式准确地传输给汽车的控制系统。信号传输线路一般采用具有良好导电性能和抗干扰能力的导线,如屏蔽双绞线等。屏蔽双绞线外层的金属屏蔽层能够有效地阻挡外界的电磁干扰,防止外界电磁场对传输信号造成噪声干扰,保障信号的纯净度。线路的材质多选用铜等导电性优良的金属,其线径会根据信号传输的距离、带宽要求等因素来确定。在连接方面,线路一端与信号处理电路的输出端可靠连接,另一端则准确地接入汽车电子控制单元(ECU)的对应信号输入接口。为了确保信号传输的稳定性,线路在布设过程中还会避免与其他强电线路、干扰源等近距离并行敷设,并且在一些关键节点会设置信号中继、滤波等装置,进一步提升信号传输质量,使得旋变传感器采集到的准确信号能够无误地传输到ECU中,供控制系统进行驱动电机的精准控制。外壳则起到保护内部各部件免受外界灰尘、水汽以及机械碰撞等影响的作用,保障传感器在复杂的汽车运行环境下可靠工作。

二、驱动电机旋变传感器的工作原理

回顾物理知识,电磁感应现象是旋变传感器工作的基础,如图3-1-2所示。根据法拉第电磁感应定律,当穿过闭合导体回路的磁通量发生变化时,回路中就会产生感应电动势,其大小与磁通量的变化率成正比。在旋变传感器中,定子绕组与转子构成了闭合的电磁耦合回路。当转子旋转时,转子磁场与定子绕组之间的相对位置持续变动,导致穿过定子绕组的磁通量周期性地增减。例如,假设转子初始位置使得定子绕组中的磁通量最大,随着转子转动,磁通量逐渐减小,根据定律,此时定子绕组两端便会产生一个逐渐增大的感应电动势;当转子转过半周,磁通量变为最小,感应电动势达到峰值。

驱动电机旋变
传感器工作原理

基于电磁感应原理,旋变传感器进一步演绎出独特的变压特性。由于定子绕组与转子绕组之间的互感随转子位置的变化而改变,当在定子绕组上施加一个稳定的交流激励电压时,转子的旋转会使得定子绕组与转子绕组间的耦合程度呈正弦、余弦规律周期性波动,进而导致转子绕组输出的感应电压幅值与相位也随之发生相应变化。旋变传感器输出的是蕴含转子位置与转速信息的调幅信号,为了从中提取出精确的转子位置和转速数据,还需历经信号解调与位置解算两大关键环节。信号解调旨在还原被调制的原始信号,常用的解调方法包括同步解调与包络检波。同步解调通过引入与定子励磁信号同频同相的参考信号,将调幅信号与之相乘,再经过低通滤波,即可分离出与转子位置相关的正弦、余弦分量;包络检波则是利用二极管的单向导电性与电容的充放电特性,获取调幅信号的包络线,从而得到反映转子位置变化的信号波形,如图 3-1-3 所示。

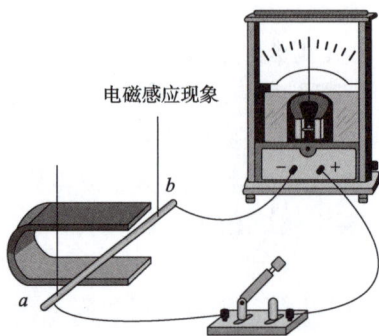

图 3-1-2 法拉第电磁感应定律

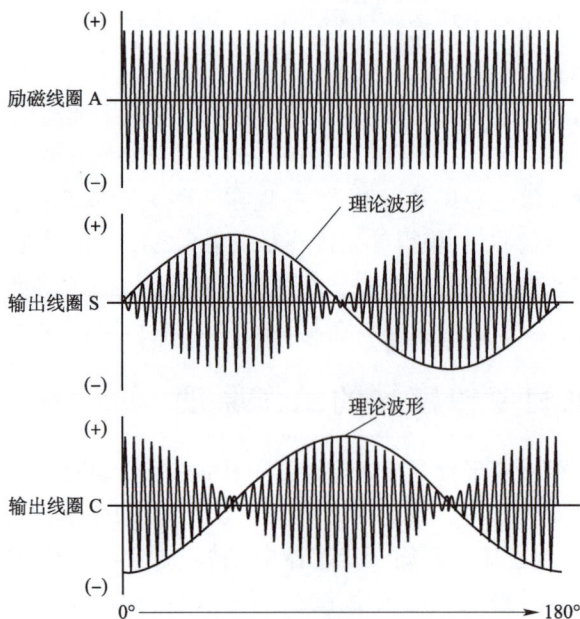

图 3-1-3 旋变传感器输出信号

旋变传感器原理

三、驱动电机旋变传感器的特点

1. 旋变传感器的优点

(1)角度测量精度高。旋变传感器能够精确测量电机转子的角度,精度可达零点几度甚至更高。这使得电机控制系统可以实现极其精细的磁场定向控制,对于永磁同步电机而言,精准的角度测量是实现高效转矩输出的关键。例如,在电动汽车的起步和加速过程中,高精度的角度信息确保电机瞬间输出强大且稳定的转矩,让车辆平稳快速地起动,为驾驶人带来畅快的加速体验。

(2)转速测量精准。除了角度,旋变传感器对转速的测量同样精准。它能够实时跟踪电机转速的变化,即使在电机高速运转或频繁变速的情况下,依然可以提供准确可靠的转速数据。这对于维持车辆的动力性能以及保障电池管理系统合理工作至关重要。例如,当车辆在高速行驶需要超车时,电机控制系统依据旋变传感器反馈的精准转速信息,迅速调整输出功率,使车辆快速完成超车动作,同时避免动力蓄电池过度放电。

(3)适应恶劣环境。新能源汽车在运行过程中会面临各种复杂恶劣的环境条件,如高温、低温、潮湿、振动等。旋变传感器凭借其坚固的结构设计和特殊的材料选择,具有出色的环境适应性。其金属外壳和密封处理能够有效抵御水分、灰尘的侵入,确保内部电气元件正常工作。无论是在酷热的沙漠地区,还是寒冷的极地环境,旋变传感器都能稳定运行,为电机控制提供持续可靠的数据支持。

(4)角度测量无死角。旋变传感器的测量范围几乎覆盖了电机转子旋转的全过程,通常可以实现0°到360°的连续测量。这意味着无论电机处于何种运行状态,是正转、反转还是频繁换向,旋变传感器都能精准捕捉转子的位置信息,为电机控制提供全方位的支持。

(5)转速测量跨度大。在转速测量方面,旋变传感器同样表现出色,它的测量范围从极低转速覆盖到极高转速。对于新能源汽车驱动电机,无论是在车辆起步时的低速爬行,还是高速行驶时的极速狂奔,旋变传感器都能实时反馈准确的转速数据,满足电机控制系统在不同工况下的需求。这种宽测量范围特性使得它可以适配各种类型、不同性能要求的驱动电机。

(6)抗电磁干扰能力强。汽车内部是一个充满各种电磁信号的环境,众多电子设备同时工作,会产生大量的电磁干扰。旋变传感器采用特殊的电磁屏蔽技术和信号处理算法,能够有效过滤外界的电磁噪声,确保自身输出信号的纯净度。即使在强电磁干扰源附近,如大功率逆变器旁边,它依然可以准确地传输转子位置和转速信息,保障电机控制系统不受干扰,稳定运行。

2. 旋变传感器的缺点

(1)结构精细复杂和成本高。旋变传感器内部包含定子绕组、转子绕组、磁路组件以及信号处理电路等多个复杂部件。定子绕组需要精确绕制,以保证电磁感应的一致性和精度;转子绕组的设计与制造也颇具难度,要兼顾与定子的耦合效果以及旋转稳定性;磁路组件的选材和形状优化更是涉及复杂的电磁学原理,以实现高效的磁场转换。这些精细复杂的结构不仅增加了制造工艺的难度,也使得生产周期相对较长。由于其复杂的结构和较高的制造工艺要求,旋变传感器的制造成本一直居高不下。与一些简单的位置传感器,如霍尔传感器相比,旋变传感器的价格往往要高出数倍。这在一定程度上增加了新能源汽车的生产成本,对于追求成本控制的车企来说,是一个需要权衡的因素。尤其是在中低端新能源汽车市场,对成本的压力更为突出,高成本的旋变传感器可能会限制其应用范围。

(2)解调与解算复杂。旋变传感器输出的是经过调制的包含转子位置和转速信息的电信号,为了获取可用的物理量,需要进行复杂的信号解调与位置解算过程。信号解调通常采用同步解调或包络检波等方法,这些方法涉及多个信号处理步骤,如乘法运算、滤波等,对计算资源和处理时间都有一定要求。在位置解算方面,需要运用三角函数关系和反正切算法,进一步增加了计算的复杂性。

(3)对控制器性能要求高。由于信号处理的复杂性,旋变传感器对与之配套的电机控制器性能提出了较高要求。电机控制器需要具备强大的运算能力和快速的数据处理速度,才能及时、准确地解读旋变传感器的信号,并将其转化为有效的控制指令。对于一些算力不足的低端控制器,可能无法充分发挥旋变传感器的优势,甚至会出现信号处理延迟、错误等问题,影响电机的正常控制。

> **想一想:**
> 为什么测量驱动电机位置和转速选择旋变传感器?

四、驱动电机旋变传感器的应用

在车辆起步瞬间,驾驶人踩下加速踏板,驱动电机需迅速输出较大转矩,确保车辆平稳快速起动。此时,旋变传感器发挥关键作用,它将电机转子的初始位置精确反馈给控制系统,控制系统依据此信息精准计算出定子电流的初始值,使电机瞬间建立起强大的磁场,输出足额转矩。以常见的家用纯电动汽车为例,当在平路上起步时,旋变传感器的高精度测量让电机能够在几十毫秒内响应加速指令,输出恰到好处的转矩,车辆平稳前行,避免了因转矩不足导致的起步抖动或延迟,为驾乘者带来舒适的起步体验。

在低速行驶工况下,如车辆在拥堵的城市道路中缓行,电机需要频繁地在低转速区间调整运行状态。旋变传感器实时监测电机转子的位置和转速变化,每一次细微的调整都能被精准捕捉并反馈给控制系统。控制系统根据这些信息,精细地调控电机的电流和电压,确保电机输出平稳的转矩,维持车辆以稳定的速度前行。这不仅保证了驾驶的舒适性,还能有效提高车辆的能效,减少不必要的能量消耗。

当车辆高速行驶时,驱动电机需要持续稳定地输出高功率,以克服空气阻力和维持车速。旋变传感器此时不间断地为控制系统提供电机转子的精确位置和转速信息,控制系统据此实时调整电机的输出功率,确保车辆能够稳定地保持在设定车速。例如,一辆新能源汽车在高速公路上以 120km/h 的速度巡航行驶,旋变传感器时刻监测电机状态,一旦遇到坡度或风速变化,控制系统迅速根据旋变传感器反馈调整电机功率,保证车速稳定。在超车场景下,驾驶者猛踩加速踏板,要求车辆在短时间内迅速提升车速。旋变传感器的高精度和快速响应特性凸显,它快速将电机转速的急剧变化反馈给控制系统,控制系统立即加大电机的电流输入,提升电机的输出转矩,使车辆能够在短短几秒内实现加速超车。同时,由于旋变传感器能够精准测量转速,还能有效防止电机超速运行,保障车辆的行车安全。

新能源汽车的制动能量回收功能是提高能源利用率的重要手段。当车辆制动时,驱动电机切换为发电机模式,将车辆的动能转化为电能回充到动力蓄电池中。在这个过程中,旋变传感器同样不可或缺。它精确测量电机转子的转速变化,控制系统根据旋变传感器反馈的转速信息,合理调整发电机的输出电压和电流,确保制动能量能够高效、平稳地回收。例如,在一次紧急制动过程中,随着车速的快速降低,旋变传感器实时向控制系统汇报电机转子的转速下降情况,控制系统据此精准控制发电机的工作状态,将尽可能多的动能转化为电能存储起来,既提高了车辆的续驶里程,又减少了能量浪费。

五、驱动电机旋变传感器的测试方法

驱动电机旋变传感器的电路图如图 3-1-4 所示,REF 为励磁线圈,SIN 为正弦线圈,COS 为余弦线圈。

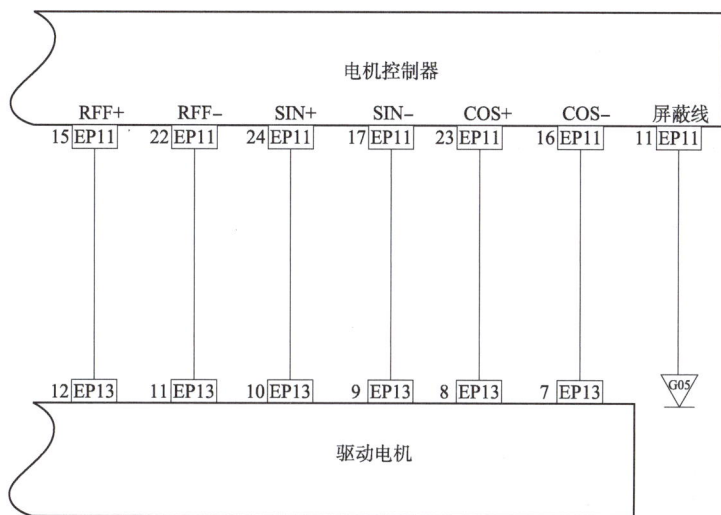

驱动电机旋变
传感器测试

测量驱动电机
旋变传感器

图 3-1-4　驱动电机旋变传感器电路图

1. 电阻测量

对旋变传感器的电阻进行测量,这主要是针对励磁线圈、正弦线圈和余弦线圈。使用万用表的电阻测量功能,将表笔分别连接到线圈的两端,测量其电阻值。正常情况下,励磁线圈、正弦线圈和余弦线圈都有各自相对固定的电阻值范围,这个范围通常可以在维修手册查询到,以比亚迪秦 EV 为例,励磁线圈电阻值范围为 $(9.5 \pm 1.5)\,\Omega$,正弦线圈电阻值范围为 $(13.5 \pm 1.5)\,\Omega$,余弦线圈电阻值范围为 $(14.5 \pm 1.5)\,\Omega$。如果测量得到的电阻值与标准值偏差过大,可能存在线圈短路或断路故障。例如,若发现某一线圈电阻值趋近于零,则很可能是短路故障;若电阻值无穷大,则表明存在断路情况。要仔细记录电阻值,并与标准值进行对比分析,判断线圈的是否有问题。

2. 电压测量

对旋变传感器的电压进行测量,这主要是针对励磁线圈、正弦线圈和余弦线圈。使用示波器进行测量,将表笔分别连接到线圈的两端,测量其波形。驱动电机处于静止状态,由于电机静止,励磁线圈相对正弦线圈和余弦线圈不发生变化,正弦线圈和余弦线圈中产生的感应电动势为零。如果测量到有电压存在,且电压值较大,可能是传感器内部存在短路故障,导致磁场异常变化,产生额外的感应电动势。

六、驱动电机旋变传感器发展趋势

随着新能源汽车对性能要求的不断提高,驱动电机旋变传感器需要提供更高的精度和可靠性。高精度的位置检测可以实现更精确的电机控制,提高电机的效率和性能。同时,高可靠性可以减少故障发生的概率,提高车辆的安全性和稳定性。为了实现更高的精度,传感器的设计和制造技术将不断改进。例如,采用更先进的信号处理算法和数字滤波技术,可以减少噪声和干扰,提高信号的质量和稳定性。此外,优化传感器的结构和材料,提高传感器的灵敏度和线性度,也可以提高精度。在可靠性方面,未来的旋变传感器将采用更严格的质量控制和检测标准,确保传感器在各种恶劣环境下都能正常工作。同时,传感器的故障诊断和预测功能也将得到进一步加强,以便及时发现和处理潜在的故障。

新能源汽车对空间和质量的要求非常严格,因此驱动电机旋变传感器需要不断向小型化和轻量化方向发展。小型化的传感器可以节省安装空间,提高车辆的空间利用率。轻量化的传感器可以降低车辆的整体质量,提高车辆的续驶里程。为了实现小型化和轻量化,传感器的设计将更加紧凑,采用集成化的设计理念,将传感器的各个功能模块集成在一起,减少传感器的体积和质量。

为了提高新能源汽车的性能和安全性,未来的驱动电机旋变传感器将与其他传感器进行融合。例如,与加速度传感器、陀螺仪等传感器融合,可以实现更精确的车辆运动状态检测,为车辆的稳定性控制和自动驾驶提供更准确的信息。同时,与电流传感器、电压传感器等传感器融合,可以实现对电机的全面监测和控制,提高电机的效率和性能。

以华旋传感技术有限公司(简称华旋传感)为代表的国内企业已在驱动电机旋变传感器上实现技术突破。如华旋传感的“一种适用于高速电机的高精度车规级低安装要求磁阻式旋转变压器”通过国际先进成果水平评价认证,解决了新能源汽车高速电机位置传感器精度低的问题,提升了车用电机产品的最高转速与控制精度,缩小了与国际差距。国内旋变传感器在位置检测精度、稳定性等关键性能指标上不断提升,部分产品在速度指标上超过行业标准达30%,精度指标上超越25%。国内涌现出一批如华旋传感的企业,在国内汽车市场占有率已超过30%,华旋传感已进入上汽集团、理想、小鹏等头部企业供应链,并成功打入欧洲和北美洲市场。

> **想一想:**
> 查询更多的资料,与同学分享我国旋变传感器发展的最新趋势。

任务实施

一、任务准备

准备驱动电机旋变传感器检测所需的用品和工具设备,见表3-1-1。

工作准备　　　　　　　　　　　　　　　表 3-1-1

类别	所需物料
车辆防护用品	绝缘垫、隔离带、高压警示牌、绝缘手套、绝缘鞋、护目镜、车内防护用品、翼子板布
测试仪器、设备	万用表、示波器、诊断仪、拆装工具套装、撬板、扭力扳手、实训车辆、计算机

二、实操演练

任务　驱动电机旋变传感器检测

1.驱动电机旋变传感器的硬件检查

对驱动电机旋变传感器外观及安装状态进行检查,检查内容见表 3-1-2。

驱动电机旋变传感器外观及安装状态检查　　　表 3-1-2

序号	检查项目	检查内容	是否正常	维修意见
1	旋变传感器外观	外壳是否破损	是□　否□	更换传感器
		是否有进水痕迹	是□　否□	
		是否有敲击痕迹	是□　否□	
2	旋变传感器安装位置	安装位置是否正确	是□　否□	重新安装调整
		安装是否紧固	是□　否□	
		固定底座是否变形	是□　否□	
3	旋变传感器线束接口	接口是否存在虚接、破损、进水以及异物等情况	是□　否□	更换或修复
4	电机控制器线束	线束是否存在破损、折断、烧蚀等情况	是□　否□	更换或修复

2.旋变传感器电路图

查阅相关维修手册,在下框中画出旋变传感器的相关电路图。

3. 测量驱动电机旋变传感器

以实训车辆为例,查询维修手册中励磁线圈、正弦线圈和余弦线圈的电阻值范围,对旋变传感器进行测量,并将测量结果填入表3-1-3中。

旋变传感器测量　　　　　　　　　　　　表 3-1-3

序号	检测项目	检测内容	检测工具	检测结果	标准值	是否正常	维修建议
1	供电线路	电压	万用表		12V	是□　否□	
2	搭铁线路	电阻	万用表		<1Ω	是□　否□	
3	励磁线圈	电阻	万用表			是□　否□	
4	正弦线圈	电阻	万用表			是□　否□	
5	余弦线圈	电阻	万用表			是□　否□	

4. 检验驱动电机旋变传感器

将驱动电机旋变传感器检验结果记录在表3-1-4中。

检验结果　　　　　　　　　　　　表 3-1-4

检查项目	检查结果	操作要点
旋变传感器供电电压是否正常	是□　否□	
旋变传感器电阻是否正常	是□　否□	
故障部件是否正常工作	是□　否□	
系统功能是否恢复正常	是□　否□	
维修工具是否整理归位	是□　否□	
维修工位是否打扫干净	是□　否□	
工作页是否填写完整	是□　否□	

想一想:
驱动电机旋变传感器故障,会影响车辆的哪些功能呢?

任务评价

完成表3-1-5所示学习情境评价表。

驱动电机旋变传感器原理与检测学习情境评价表　　　　　表 3-1-5

基本信息	姓名		学号		班级		组别	
	角色		任务				目标	
	规定时间		完成时间		考核日期		总评成绩	

	序号	实训步骤	评分标准	分值（分）	自评（分）	互评（分）	师评（分）	综合评分（分）
考核内容	1	准备工作	实训前期检查是否全面、到位	10				
	2	检查并穿戴防护用具，检查工具	检查是否全面规范穿戴护具，工具是否规范	10				
	3	驱动电机旋变传感器检测	操作是否规范，步骤是否正确	40				
	4	7S管理	整理、整顿、清扫、清洁、素养、安全、节约	10				
	5	团队协作	成员是否配合默契	10				
	6	沟通表达	是否能沟通交流，是否正确表达意思	10				
	7	工单填写	填写是否正确规范	10				
教师评语								

任务总结

请写出完成本次任务的反思。

课后练习

一、单项选择题

1. 旋变传感器的工作原理是( )。
   A. 压电效应   B. 电磁感应   C. 霍尔效应   D. 光电效应

2. 驱动电机旋变传感器的主要作用是( )。
   A. 测量电机转速   B. 测量电机电压
   C. 测量电机电流   D. 测量电机功率

3. 以下哪种情况可能导致旋变传感器故障?( )
   A. 车辆长时间停放   B. 车辆突然断电
   C. 电机轻微振动   D. 电磁干扰较强的环境

4. 为保证旋变传感器正常工作,其安装时需要注意( )。
   A. 与电机轴同心度要精准
   B. 随意安装位置,只要连接线路即可
   C. 安装在高温环境区域
   D. 无须考虑防护措施

5. 旋变传感器的优点是( )。
   A. 响应速度慢   B. 价格低廉
   C. 无须外接电源   D. 对环境适应能力强,可靠性高

二、简答题

1. 简述旋变传感器在新能源汽车驱动电机系统中的作用。
2. 分析旋变传感器的优点有哪些。
3. 分析旋变传感器的缺点有哪些。
4. 简述旋变传感器的工作原理。

三、论述题

结合所学知识,论述旋变传感器在新能源汽车领域的发展趋势,以及对新能源汽车性能提升的意义。

学习任务二 驱动电机温度传感器原理与检测

任务导入

你是比亚迪 4S 店维修技师,客户反映打开起动开关后仪表板上有多个故障灯点亮,换挡杆拨至 D 位或 R 位,车辆均无法正常行驶。请你在遵守车辆检测安全规则的情况下,制订合理的方案,完成驱动电机系统温度传感器的检测,如果必要的话,还需要进行旧件拆卸和新件安装。希望你通过这次实践,不仅学会如何操作,更能体会到作为一名技师的责任和乐趣。准备好了吗?让我们开始吧!

一、驱动电机温度传感器的结构

驱动电机在新能源汽车中扮演着举足轻重的角色,它将电能高效转换为机械能,驱动车辆前行。相较于传统燃油发动机,驱动电机具有响应迅速、转矩输出精准、运行噪声低等显著优势。常见的驱动电机类型有永磁同步电机、异步电机与开关磁阻电机,其中永磁同步电机凭借高效率、高功率密度,广泛应用于纯电动汽车与多数混合动力电动汽车。

在汽车的电子系统中,传感器如同人体的神经末梢,感知各类物理量、化学量,为控制系统提供关键信息。温度传感器作为传感器家族的重要成员,肩负着监测温度变化的重任。在新能源汽车驱动电机系统里,温度是影响电机性能、寿命与安全性的关键因素。过高的温度可能导致电机绕组绝缘老化、永磁体退磁,进而降低电机效率甚至引发故障。因此,温度传感器实时、精准地反馈驱动电机温度,是确保驱动电机可靠运行的必要条件。比亚迪秦EV驱动电机温度传感器如图3-2-1所示。

温度传感器引出线

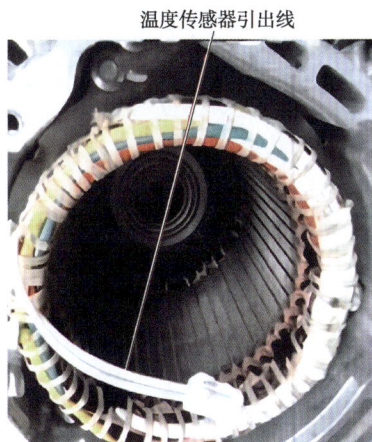

图 3-2-1　比亚迪秦 EV 纯电动汽车驱动电机温度传感器

温度传感器依据不同的工作原理可分为多种类型,常见的有热敏电阻式、热电偶式、集成式温度传感器等。热敏电阻式温度传感器利用热敏电阻的阻值随温度变化的特性,通过测量电阻值间接推算温度。热敏电阻阻值与温度呈现特定的非线性关系如图3-2-2所示,根据材料特性又分为正温度系数(PTC)热敏电阻与负温度系数(NTC)热敏电阻。PTC热敏电阻阻值随温度升高而增大,NTC热敏电阻则相反。热电偶式温度传感器基于塞贝克效应,由两种不同材质的导体组成闭合回路,当两节点存在温度差时,回路中会产生热电势,该热电势与温度差成正比,借此测量温度。集成式温度传感器将温度敏感元件、信号放大与处理电路集成一体,具有高精度、线性好、使用便捷等优点,但其测量范围相对较窄。

NTC热敏电阻式温度传感器在我国新能源汽车驱动电机温度监测中应用广泛。其外观通常小巧精致,外壳多采用耐高温、绝缘的塑料或金属材质封装,以保护内部敏感元件并适应电机周边复杂的电磁与热环境。打开外壳,核心部件便是NTC热敏电阻,它一般由锰、镍、钴等金属氧化物混合烧结而成,具有负温度系数特性,即温度升高时电阻值急剧下降。热敏电阻通过细导线与外部电路连接,导线选用耐高温、低电阻的材料,确保信号传输稳定。此外,传感器内部还常配备有信号调理电路,用于将热敏电阻微弱的电阻变化转换为标准电压或电流信号,方便后续控制系统采集与处理。

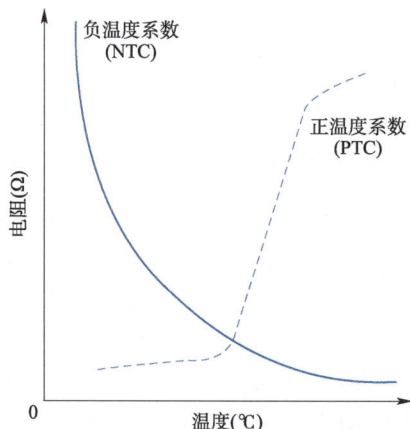

图 3-2-2　热敏电阻式温度传感器

热电偶式温度传感器在一些对温度测量精度与动态响应要求较高的驱动电机应用场景中已得到应用。它由两根不同材质的热电极组成,常见的热电极材料有铂铑合金、镍铬合金、铜镍合金等,依据测量温度范围与精度需求合理选配。两根热电极一端焊接在一起形成测量端,紧密贴合在驱动电机需要监测温度的部位,如定子绕组、转子铁芯等;另一端则为参考端,保持在恒定温度环境下,通常接入冷端补偿电路以抵消环境温度变化对测量的影响。热电极外套有耐高温、绝缘的保护套管,防止短路与外界干扰。与 NTC 热敏电阻式温度传感器相比,热电偶式温度传感器输出的热电势信号较弱,需要配备高精度的信号放大器与模数转换器,将热电势转换为数字信号供控制系统分析。

随着新能源汽车电子技术向小型化、智能化发展,集成式温度传感器在驱动电机温度监测领域逐渐兴起。这类传感器将温度敏感元件、信号放大电路、模数转换电路乃至微处理器集成在一块微小的芯片内,外观仅为一个小型贴片式元件或直插式封装模块。其采用硅基半导体作为温度敏感材料,利用半导体的热敏特性实现温度测量。芯片内部集成的信号处理电路能够自动补偿温度漂移、非线性误差等,输出高精度的数字温度信号,可直接通过车载 CAN 总线传输给电机控制系统。同时,部分集成式温度传感器还具备自诊断功能,可以实时监测自身工作状态,一旦发现异常立即向控制系统报警。

热敏电阻作为核心敏感元件,其形状和封装形式多样。常见的有片状、珠状、杆状等。封装材料一般选用耐高温、绝缘性能好的塑料或陶瓷。对于电机内部高温环境下的温度测量,陶瓷封装的热敏电阻更为适用,它既能保护热敏电阻不受电机运转产生的机械振动和高温冲击,又能保证良好的热传导性能,使温度测量准确无误。热敏电阻的引线起着将电阻信号引出并传输至测量电路的关键作用。引线材质通常为铜或镀银铜丝,具备良好的导电性。在连接方式上,有焊接、压接等多种形式。焊接方式能确保引线与热敏电阻电极之间的可靠连接,适用于对稳定性要求极高的车载电子系统;压接方式则便于安装与更换,在一些需要频繁维护的温度监测节点较为常用。外壳为整个传感器提供机械保护,防止外界异物碰撞、水汽侵蚀等。在新能源汽车的户外行驶环境下,外壳要具备防水、防尘、耐腐蚀的特性。一般采用密封胶圈和防锈金属外壳相结合的设计。

二、驱动电机温度传感器的工作原理

热敏电阻作为驱动电机温度传感器的核心元件,具有独特的热敏特性。正如前文所述,其分为正温度系数(PTC)和负温度系数(NTC)热敏电阻。NTC 热敏电阻在驱动电机温度监测中应用广泛,其阻值与温度呈现反向变化关系。NTC 热敏电阻基于半导体的载流子热激发原理,当外界温度升高时,热敏电阻内部的原子热振动加剧,束缚电子获得足够能量挣脱共价键束缚,形成更多的自由电子和空穴,使得导电能力增强、电阻值降低。从微观角度看,电子在晶格间的迁移更加顺畅,宏观上表现为电阻值随温度呈指数规律下降。PTC 热敏电阻的热电转换则基于其晶界势垒特性。在低温时,晶界对载流子的阻碍作用较小,电阻值相对稳定;随着温度上升,晶体内的热运动促使晶界处的势垒高度增加,载流子迁移困难,电阻值急剧增大,呈现出正温度系数特性,其电阻变化规律也有相应的理论模型进行解释,保障了在不同温度区间对温度的精准监测与反馈。

从微观层面看,当温度升高时,热敏电阻内部的载流子活跃度增加,使得电子迁移更为容易,电阻值随之降低。反之,温度降低,电阻值升高。以常见的 NTC 热敏电阻为例,其电阻值的变化遵循一定的数学规律,通常可以用指数函数来近似描述。当驱动电机运行产生热量,温度发生变化时,热敏电阻的阻值立即响应改变,它被封装在绝缘外壳内,通过引线连接到汽车的电子控制单元(ECU),由于电阻值的变化,在与 ECU 内部固定电阻组成的分压电路中,分压值也随之改变,如图 3-2-3 所示。ECU 内部有一个上拉电阻与热敏电阻串联,根据欧姆定律,在电源电压恒定的情况下,热敏电阻阻值变化会导致其两端分压改变,那么传输到 ECU 的电压信号就可以通过公式计算得出。ECU 根据预先存储的电阻-温度特性表或算法,将接收到的电压信号换算成对应的温度值,从而实现对驱动电机温度的实时监测。

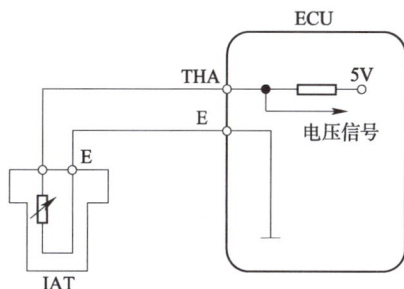

图 3-2-3　NTC 热敏电阻温度传感器

驱动电机温度传感器工作原理

驱动电机温度传感器,通常由敏感元件(热敏电阻)、绝缘外壳、引线等部分组成。敏感元件被封装在绝缘良好的外壳内,防止与外界环境短路或受干扰,引线用于连接到汽车的电子控制单元(ECU),将电阻变化信号传输过去,以便 ECU 换算成温度值。从温度传感器引出的信号、热敏电阻的电阻变化信号,都需要通过导线传输至 ECU。为避免信号干扰,导线通常采用屏蔽线,其内部的信号线被金属屏蔽层包裹,屏蔽层搭铁,可有效阻挡外界电磁干扰,确保传输信号的准确性。传输线路在汽车复杂的电气环境中,要遵循一定的布线规则,与高压线路、动力传输线路保持安全距离,防止因电磁耦合等因素引入噪声。处理后的温度数据一方面用于实时显示在汽车仪表板上,供驾驶人了解电机工作温度状态,另一方面作为控制信号,当温度超出预设阈值时,触发散热风扇提速、冷却液循环泵提速等保护措施,保障驱动电机安全运行。

三、驱动电机温度传感器的特点

1. 驱动电机温度传感器的优点

(1)高灵敏度。热敏电阻对温度变化极为敏感,尤其是 NTC 热敏电阻温度传感器,微小的温度波动就能引起电阻值较大幅度的改变。哪怕温度仅有零点几摄氏度的变化,热敏电阻都能敏锐捕捉,及时反馈给控制系统,调整冷却水泵转速等,确保驱动电机始终处于适宜的工作温度区间,这对于维持驱动电机性能起着关键作用。

(2)响应速度快。相较于一些传统的测温方式,如玻璃液体温度计,热敏电阻的热惯性极小。当环境温度突变时,它能在极短时间内(通常以毫秒计)反映出电阻值的变化,进而输出对应的温度信号。在新能源汽车的电机控制系统里,电机运行时热量产生迅速,热敏电阻能够快速感知电机绕组温度升高情况,让控制系统迅速采取限流、加强散热等措施,避免电机因过热而损坏,保障车辆的动力输出稳定性。

(3)尺寸小巧,易于安装。热敏电阻通常可以制作成各种微小的形状,体积小、质量轻。在新能源汽车紧凑的内部空间布局下,无论是安装在狭小的电池模组间隙中,还是紧贴电机外壳的有限空间内,都不会占据过多位置,方便工程师进行系统集成。而且其安装方式简单多样,可采用粘贴、焊接、螺钉固定等,能适应不同的安装场景需求,降低了安装难度与成本。

(4)价格相对低廉。从成本角度考虑,热敏电阻式温度传感器在众多温度传感器类型中具有较大优势。其制造工艺相对成熟,原材料成本不高,使得批量生产的成本可控。对于新能源汽车产业这种大规模生产的领域,大量使用热敏电阻作为温度监测元件,既能满足性能要求,又不会给整车成本带来过大压力,有利于提高产品的市场竞争力。

2. 驱动电机温度传感器的缺点

(1)测量精度易受环境因素影响。尽管热敏电阻灵敏度高,但它的电阻值不仅取决于温度,还容易受到环境湿度、压力以及自身老化等因素干扰。在新能源汽车实际运行环境中,例如车辆长时间在潮湿路面行驶,或者频繁穿梭于高海拔地区与平原地区,环境湿度与气压变化大,此时热敏电阻测量的温度精度就可能出现偏差。

(2)线性度较差。热敏电阻的电阻-温度特性并非呈理想的线性关系,特别是在较宽的温度测量范围内,这种非线性关系表现得更为明显。以 NTC 热敏电阻为例,其电阻值变化与温度之间遵循复杂的指数规律。这就意味着在温度换算过程中,需要采用复杂的非线性补偿算法,增加了控制系统的设计难度与计算负担。

(3)稳定性较差。随着使用时间增长,热敏电阻的性能会逐渐发生漂移,主要是由于半导体材料内部结构的缓慢变化以及长时间受温度、电场等作用导致。

四、驱动电机温度传感器的应用

新能源汽车驱动电机一般采用高灵敏度的 NTC 热敏电阻式温度传感器。在高温环境下的长距离高速行驶中,车辆的驱动电机控制系统检测到驱动电机定子绕组处的温度传感器反馈温度持续上升,接近临界阈值。ECU 迅速做出反应:一方面逐步降低驱动电机输出功率,避免过热加剧;另一方面启动了液冷散热系统的高速模式,加大冷却液循环流量,同时在车载显示屏上向驾驶人发出"驱动电机过热风险,请适当减速"的警示信息。通过温度传感器的精准监测与整车控制系统的协同运作,成功保障了车辆在极端工况下的安全行驶,避免了驱动电机因过热损坏。

五、驱动电机温度传感器的测试方法

驱动电机温度传感器的电路图如图 3-2-4 所示,R1 和 R2 为 2 个 NTC 热敏电阻式温度传感器。

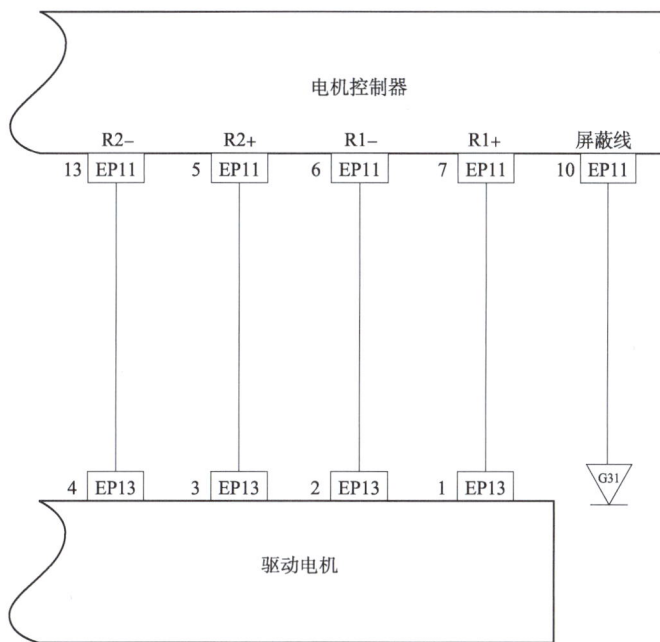

图 3-2-4　驱动电机温度传感器电路图

驱动电机温度
传感器测试

对驱动电机温度传感器的电阻进行测量时,将车辆电源关闭,确保驱动电机处于断电状态,以保证测试安全和准确性。根据车辆的维修手册,确定驱动电机温度传感器的位置和连接线路。一般来说,传感器可能安装在驱动电机的定子绕组内部或表面。将万用表调至电阻挡,根据传感器的类型和预计电阻值范围,选择合适的量程。然后将万用表的表笔连接到温度传感器的两端。如果是插件式连接,可以直接将表笔插入传感器的插件中;如果是焊接式连接,需要小心地将表笔接触到传感器的引脚。在不同的温度环境下,读取万用表显示的电阻值,并与该传感器的标准电阻值范围进行比较。在 20℃温度下,温度传感器电阻值应在 15～20kΩ 范围内。

将专业的汽车诊断仪与车辆的 OBD 接口连接。打开诊断仪,选择进入电机控制器(MCU)与驱动电机相关的模块,读取温度数据流。在诊断仪的菜单中找到"驱动电机温度"或类似的数据流选项,读取并记录此时显示的温度值,如图 3-2-5 所示。将诊断仪读取的温度值与实际环境温度或其他已知的温度参考值进行对比。如果两者相差较大,可能存在温度传感器故障或信号传输问题。

图 3-2-5　驱动电机温度数据流

北汽纯电动汽车
故障诊断仪的
使用方法

六、驱动电机温度传感器发展趋势

当前科研人员致力于探寻新型半导体材料,用以制作热敏电阻。例如,一些掺杂改性的陶瓷基复合材料已"崭露头角",它们拥有更稳定、可精确调控的电阻-温度特性。相比传统材料,能在更宽温度区间内将测量精度提升一个数量级,达到 ±0.1℃甚至更高精度。这对于新能源汽车的电池管理系统意义非凡,精准的温度监测可优化电池充放电效率,延长电池寿命,减少因温度误差导致的电池性能衰减风险。配合硬件材料的升级,软件层面的智能算法也在不断精进。通过内置微处理器搭载复杂的温度补偿算法,实时修正热敏电阻受环境因素(如湿度、压力)干扰产生的测量偏差。以新能源汽车在不同地域、气候条件下行驶为例,智能算法可依据环境传感器数据动态校准热敏电阻输出,确保温度测量精度稳定可靠,让车辆热管理系统的控制决策更加精准无误。

温度传感器先进的封装技术成为增强稳定性的关键一招。采用多层防护、气密封装结构,有效隔绝外界水汽、腐蚀性气体以及机械振动对热敏电阻核心部件的侵蚀与冲击。像在新能源汽车电机舱这种高温、高湿且振动剧烈的恶劣环境,改良后的封装能保障热敏电阻长时间稳定工作,降低因老化、环境侵蚀引发的性能漂移,减少频繁校准需求,提高车辆运行的可靠性。为应对热敏电阻突发故障风险,冗余设计逐渐普及。在新能源汽车关键热管理节点,如电池模组、动力电机等部位,采用多个热敏电阻并行监测,一旦主传感器失效,备份传感器立即无缝接替工作,同时向控制系统报警。这种冗余容错机制极大提升了系统整体可靠性,确保车辆核心部件温度监控万无一失,避免因单点传感器故障引发过热失控等严重安全问题。

随着新能源汽车追求更高的能量密度与空间利用率,热敏电阻向微型化发展势不可挡。通过微纳加工技术,将热敏电阻尺寸缩小至毫米甚至微米级别,可直接集成于芯片、电路板等狭小空间内。例如在车载电子控制单元(ECU)内部,微型热敏电阻能实时监测关键芯片温度,为智能控制与热保护提供精准数据,且不占额外空间,助力车辆电子系统的小型化、轻量化发展。在万物互联的时代,热敏电阻式温度传感器成为车联网的重要感知节点。它实时采集的温度数据可通过车载通信模块上传至云端,一方面供车企远程监测车辆热状态,提前预警潜在故障;另一方面,结合大数据分析,为不同区域、工况下的新能源汽车热管理策略优化提供依据,实现车辆全生命周期的智能运维,提升运营效率与用户满意度。

我国传感器产业在高端产品方面仍然相对落后,部分高精度、高可靠性的驱动电机温度传感器仍需依赖进口,国内企业在高端市场的份额较小,与国际领先企业相比存在较大差距。国内企业在温度传感器的研发和生产方面取得了一定的技术进步,部分企业如深圳市科敏传感器有限公司(简称深圳科敏传感)在 NTC 产品的研发上取得重大成果并成功量产,通过了国际车规级被动元件 AEC-Q200 可靠性认证,其相关产品在新能源汽车的电机热管理等领域实现批量应用,逐步达到国际同等技术水平。在政策支持和市场需求的双重驱动下,国产驱动电机温度传感器在中低端市场的份额逐渐扩大,并开始向高端市场进军,逐步实现进口产品的替代。深圳科敏传感不仅成为国内新能源车企如宁德时代、比亚迪、上汽集团等的供应商,还成为国外诸如福特、大众和宝马等众多新能源车企的供应商。

> **想一想:**
> 查询更多的资料,与同学分享我国温度传感器发展的最新趋势。

任务实施

一、任务准备

准备驱动电机温度传感器检测所需的用品和工具设备,见表 3-2-1。

工作准备 　　　　　　　　　　　　　　　　　　　　　　　表 3-2-1

类别	所需物料
车辆防护用品	绝缘垫、隔离带、高压警示牌、绝缘手套、绝缘鞋、护目镜、车内防护用品、翼子板布
测试仪器、设备	万用表、示波器、诊断仪、拆装工具套装、撬板、扭力扳手、实训车辆、计算机

二、实操演练

任务　驱动电机温度传感器检测

1. 驱动电机温度传感器的硬件检查

对驱动电机温度传感器外观及安装状态进行检查,检查内容见表 3-2-2。

驱动电机温度传感器外观及安装状态检查 表 3-2-2

序号	检查项目	检查内容	是否正常	维修建议
1	温度传感器外观	外壳是否破损	是□ 否□	更换传感器
		是否有进水痕迹	是□ 否□	
		是否有敲击痕迹	是□ 否□	
2	温度传感器安装位置	安装位置是否正确	是□ 否□	重新安装调整
		安装是否紧固	是□ 否□	
		固定底座是否变形	是□ 否□	
3	温度传感器线束接口	接口是否存在虚接、破损、进水以及异物等情况	是□ 否□	更换或修复
4	电机控制器线束	线束是否存在破损、折断、烧蚀等情况	是□ 否□	更换或修复

2. 驱动电机温度传感器电路图

查阅相关维修手册,在下面画出温度传感器相关电路图。

3. 测量驱动电机温度传感器

以实训车辆为例,查询维修手册中 20°时温度传感器的电阻值范围,对温度传感器进行测量,并将测量结果填入表 3-2-3 中。

温度传感器测量 表 3-2-3

序号	检测项目	检测内容	检测工具	检测结果	标准值	是否正常	维修意见
1	供电线路	电压	万用表		12V	是□ 否□	
2	搭铁线路	电阻	万用表		<1Ω	是□ 否□	
3	温度传感器	电阻	万用表			是□ 否□	

4. 检验驱动电机温度传感器

将驱动电机温度传感器检验结果记录在表 3-2-4 中。

检验结果　　　　　　　　　　　　　　　　　　　表 3-2-4

检查项目	检查结果	操作要点
温度传感器供电电压是否正常	是□　否□	
温度传感器电阻是否正常	是□　否□	
故障部件是否正常工作	是□　否□	
系统功能是否恢复正常	是□　否□	
维修工具是否整理归位	是□　否□	
维修工位是否打扫干净	是□　否□	
工作页是否填写完整	是□　否□	

想一想：

驱动电机温度旋变传感器故障,会影响车辆的哪些功能呢?

任务评价

完成表 3-2-5 所示学习情境评价表。

驱动电机温度传感器原理与检测学习情境评价表　　　　　　表 3-2-5

基本信息		姓名		学号		班级		组别	
		角色		任务			目标		
		规定时间		完成时间		考核日期		总评成绩	
考核内容	序号	实训步骤	评分标准	分值（分）	自评（分）	互评（分）	师评（分）	综合评分（分）	
	1	准备工作	实训前期检查是否全面、到位	10					
	2	检查并穿戴防护用具,检查工具	检查是否全面规范穿戴护具,工具是否规范	10					
	3	驱动电机温度传感器检测	操作是否规范,步骤是否正确	40					
	4	7S 管理	整理、整顿、清扫、清洁、素养、安全、节约	10					
	5	团队协作	成员是否配合默契	10					
	6	沟通表达	是否能沟通交流,是否正确表达意思	10					
	7	工单填写	填写是否正确规范	10					
教师评语									

任务总结

```
                      温度传感器的     温度传感器的作用     实时和精准监测驱动电机温度，确保驱动电机可靠运行
                      结构
                                     温度传感器的组成     热敏电阻和信号处理电路以及外壳

  驱动电机                           热敏电阻            正温度系数(PTC)和负温度系数(NTC)热敏电阻，阻值随温度变化
  温度传感器      温度传感器的
  原理与检测      工作原理             欧姆定律            热敏电阻阻值变化会导致固定电阻分压改变

                                     电阻-温度特性表      ECU将接收到的电压信号换算成对应的温度值

                  温度传感器的测试     电阻测量            热敏电阻测量电阻
```

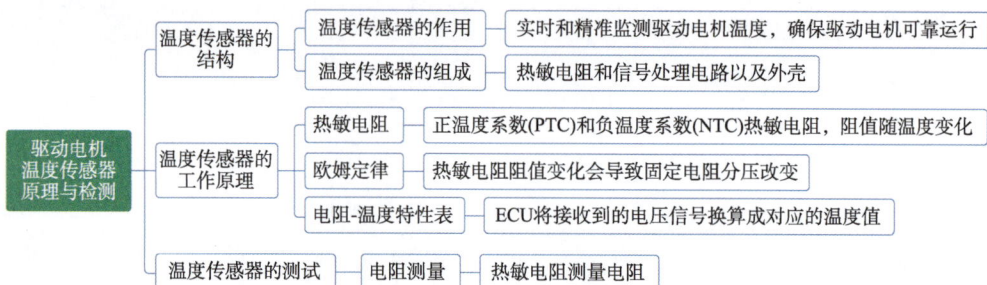

请写出完成本次任务的反思。

_____

_____

课后练习

一、单项选择题

1. 正温度系数热敏电阻(PTC)的电阻值随温度升高(　　　)。

   A. 减小　　　　　　　B. 增大　　　　　　　C. 不变　　　　　　　D. 先增大后减小

2. 新能源汽车驱动电机温度传感器一般使用(　　　)。

   A. PTC　　　　　　　B. CTR　　　　　　　C. NTC　　　　　　　D. NTB

3. 以下关于热敏电阻线性度的说法正确的是(　　　)。

   A. 在任何温度范围内都呈完美线性

   B. 线性度较差，在宽温度范围非线性明显

   C. 只在低温范围内线性度差

   D. 线性度很好，无须使用补偿算法

4. 在新能源汽车动力电池热管理系统中，热敏电阻的主要作用是(　　　)。

   A. 监测电池电阻　　　　　　　　　　B. 监测电池电流

   C. 监测电池容量　　　　　　　　　　D. 监测电池温度

5. 热敏电阻式温度传感器的优点不包括(　　　)。

   A. 响应速度快　　　B. 价格低廉　　　C. 尺寸小巧　　　D. 测量范围广

二、简答题

1. 简述热敏电阻式温度传感器在新能源汽车驱动电机系统中的作用。

2. 分析热敏电阻式温度传感器的优点有哪些。

3. 分析热敏电阻式温度传感器测量精度易受环境因素影响的原因。

4. 简述热敏电阻式温度传感器的工作原理。

三、论述题

结合所学知识，论述热敏电阻式温度传感器在新能源汽车领域的发展趋势，以及对新能源汽车性能提升的意义。

项目四

动力蓄电池系统传感器原理与检测

学习目标

❖ 知识目标

1. 了解动力蓄电池系统电流传感器和电压传感器的结构及特点。

2. 熟悉电流传感器测量电流的原理。

3. 熟悉电压传感器测量电压的原理。

❖ 技能目标

1. 能够识读电流传感器和电压传感器的电路图。

2. 能够使用专业设备,完成电流传感器和电压传感器的测试。

❖ 素养目标

1. 能够自觉遵守法律、法规以及技术标准规定。

2. 能弘扬工匠精神,具有认真负责的态度以及持之以恒、精益求精的精神。

3. 能够与同学和教师建立良好的合作关系,具有良好的团队协作精神。

4. 能够在实际操作过程中,培养动手实践能力,重视培养质量意识、安全意识、节能环保意识、规范操作意识及创新意识。

学习任务一　动力蓄电池电流传感器原理与检测

🔄 任务导入

你是比亚迪 4S 店维修技师,客户反映打开起动开关后仪表板上有多个故障灯点亮,换挡杆拨至 D 位或 R 位,车辆均无法正常行驶。请你在遵守车辆检测安全规则的情况下,制订合理的方案,完成动力蓄电池系统电流传感器的检测,如果必要的话,还需要进行旧件拆卸和新件安装。希望你通过这次实践,不仅学会如何操作,更能体会到作为一名技师的责任和乐趣。准备好了吗? 让我们开始吧!

❄️ 任务资讯

一、动力蓄电池系统电流传感器的结构

动力蓄电池系统主要由电池模组、电池管理系统(BMS)、电池箱体以及相关的电气连接部件等组成。电池模组是由多个电池单体通过串联、并联或混联的方式组合而成,其目的是为了满足新能源汽车在不同工况下对电压、容量和功率的需求。电池管理系统(BMS)则是动力蓄电池系统的"大脑",它负责对电池的状态进行实时监测和管理。BMS 能够精确测量电池的电压、电流、温度等参数,并根据这些参数对电池的充放电过程进行控制和优化。例如,在充电过程中,BMS 会根据动力蓄电池的状态调整充电电流和电压,以确保电池能够安全、高效地充电;在放电过程中,BMS 会监测动力蓄电池的剩余电量,当电量过低时,及时提醒驾驶人并采取相应的措施,避免电池过度放电。电流传感器作为动力蓄电池系统中的关键部件之一,在整个系统中起着至关重要的作用。它能够实时、准确地测量动力蓄电池系统中的电流大小和方向,为 BMS 提供重要的数据支持。通过对电流的监测,BMS 可以更精确地评估电池的充放电状态,进行电池剩余电量(State of Charge,SOC)的估算,以及实现过流保护等功能。可以说,电流传感器的性能直接影响着动力蓄电池系统的安全性、稳定性和高效性。

动力蓄电池的组成和作用

动力蓄电池系统电流传感器一般使用霍尔式电流传感器,如图 4-1-1 所示。电流传感器在结构上相对独立,通常具有专门的外壳对内部的传感元件和电路进行保护。其机械结构设计需要考虑到安装的便利性和稳固性,以确保在车辆行驶过程中能够承受振动和冲击。在电气连接方面,一般会采用标准的接口与动力蓄电池系统的电路进行连接,方便与其他部件进行信号传输和电气隔离,如图 4-1-2 所示。在实际安装时,将电流传感器安装在电池组的总正或总负端,能够直接测量电池组的总电流,为 BMS 提供全面的电流信息。这种安装方式便于对传感器进行单独的维护和更换,当传感器出现故障时,不需要对整个 BMS 进行大规模的拆卸和调整。然而,由于传感器与 BMS 之间存在一定的距离,信号在传输过程中可能会受到电磁干扰,影响测量的准确性。因此,在实际应用中,需要采取有效的屏蔽措施,

如使用屏蔽线或屏蔽盒,来减少电磁干扰对信号传输的影响。

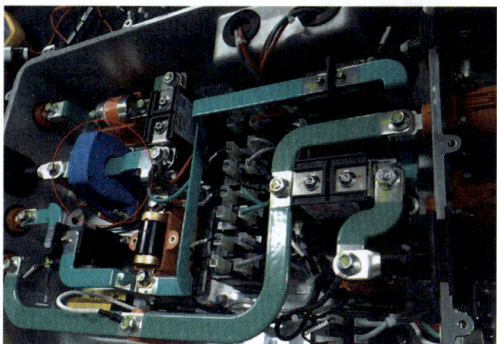

图 4-1-1　动力蓄电池系统电流传感器

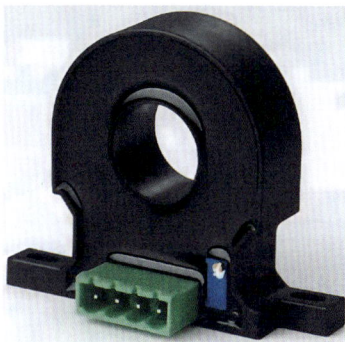

图 4-1-2　霍尔式电流传感器

　　此外电流传感器的外壳材料也有多种选择。常见的有塑料外壳和金属外壳,塑料外壳具有质量轻、成本低、绝缘性能好等优点,适用于对电磁屏蔽要求不是特别高,且工作环境相对温和的场合。例如,在一些小型新能源汽车的动力蓄电池系统中,塑料外壳的电流传感器能够满足基本的使用需求,同时还能降低整车的成本和质量。而金属外壳则具有更好的电磁屏蔽性能和机械强度,能够在较为恶劣的环境中保护传感器内部的元件。在大型电动车辆或者工作环境较为复杂的场合,如矿山专用电动车等,金属外壳的电流传感器能够更好地抵御外界的振动、冲击以及强电磁干扰,确保传感器的稳定工作和测量的准确性。

二、动力蓄电池系统电流传感器的工作原理

　　回顾物理知识,霍尔感应是电流传感器工作的基础,如图 4-1-3 所示。1879 年,美国物理学家霍尔在研究载流导体在磁场中的受力情况时,发现一种奇特的现象,当电流通过置于磁场中的导体时,在导体的垂直方向上会产生一个电势差。这个现象后来被称为霍尔效应,所产生的电势差则被称为霍尔电压。从本质上讲,霍尔效应是由于带电粒子在磁场中受到洛伦兹力的作用而发生偏转,导致在导体的两侧积累电荷,从而形成电势差。为了更深入地理解霍尔效应的发现过程,我们可以回顾当时霍尔所进行的实验。在那个时代,电磁学的研究正处于蓬勃发展阶段,科学家们对电流、磁场以及它们之间的相互作用充满了好奇。霍尔在实验中,精心设计了一个装置,将一块导体置于均匀的磁场中,并让电流通过该导体。他使用了当时先进的测量仪器,仔细地检测导体周围的各种物理量的变化。

　　在实验过程中,霍尔发现,当电流通过导体时,原本在导体中均匀分布的带电粒子(电子或离子)会受到磁场施加的洛伦兹力作用。根据洛伦兹力的原理带电粒子会在垂直于电流和磁场的方向上发生偏转。由于导体中的电子是自由移动的,它们在洛伦兹力的作用下会逐渐向导体的一侧聚集,而另一侧则会缺少电子,从而形成一个电场。这个电场会对后续的带电粒子产生一个与洛伦兹力相反的电场力,当电场力与洛伦兹力达到平衡时,带电粒子的偏转就会停止,此时在导体的垂直方向上就会形成一个稳定的电势差,即霍尔电压。霍尔通过精确的测量和多次重复实验,证实了这个现象的存在,并对其进行了详细的记录和分析。

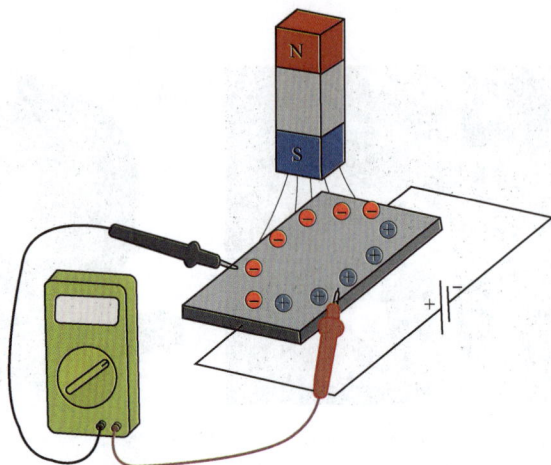

图 4-1-3　霍尔感应

霍尔效应

霍尔效应的发现具有重要的科学意义。它不仅揭示了电流、磁场和电场之间一种新的相互作用关系,为电磁学的理论发展提供了新的证据,还为后来许多重要的科学研究和技术应用奠定了基础。在当时,霍尔效应的发现引起了科学界的广泛关注,许多科学家纷纷对其进行进一步的研究和探索,推动了电磁学的不断发展。随着时间的推移,霍尔效应的应用领域不断扩大。从最初的科学研究,逐渐拓展到工业生产、医疗设备、交通运输等多个领域。在新能源汽车领域,霍尔效应更是发挥着关键作用,为汽车的智能化和高效化发展提供了重要的技术支持。此外,不同类型的导体在霍尔效应中表现出不同的特性。对于金属导体,其中的载流子主要是电子,电子在磁场中的偏转形成了霍尔电压;而对于半导体材料,由于其载流子包括电子和空穴,霍尔效应的表现会更加复杂。半导体材料的霍尔效应在电子器件的发展中起到了重要作用,例如霍尔传感器的研发和应用,就是基于半导体材料的霍尔效应原理。

霍尔式电流传感器主要由霍尔元件、磁路系统、信号处理电路和外壳等部分组成。霍尔元件是传感器的核心部件,它是一种能够将磁场信号转换为电信号的半导体器件。常见的霍尔元件有硅霍尔元件、砷化镓霍尔元件等,不同材料的霍尔元件具有不同的性能特点。磁路系统的作用是将被测电流产生的磁场集中并引导至霍尔元件,以提高传感器的灵敏度和测量精度。磁路系统通常由磁芯、气隙等组成,磁芯一般采用高磁导率的材料,如铁氧体、硅钢片等。信号处理电路用于对霍尔元件输出的微弱电信号进行放大、滤波、整形等处理,使其能够满足后续测量和控制的要求。信号处理电路通常包括放大器、滤波器、A/D 转换器等电路模块。外壳则用于保护传感器内部的元件,使其免受外界环境的影响。

霍尔式电流传感器的工作原理是基于霍尔效应的基本原理,当被测电流通过一根导线时,会在导线周围产生一个磁场,该磁场的大小与被测电流成正比,如图 4-1-4 所示。磁路系统将这个磁场集中并引导至霍尔元件,霍尔元件在磁场的作用下产生霍尔电压。由于霍尔元件输出的霍尔电压非常微弱,需要经过信号处理电路进行放大、滤波等处理后,才能得到一个与被测电流成正比的电压信号。为了更清晰地理解开环霍尔式电流传感器的工作过程,我们可以进一步细化其原理。当电流通过导线时,根据安培定律,在导线周围会形成一个以导线为中心的环形磁场,其磁场强度(B)与电流(I)成正比,公式可表示为($B = kI$)(其中 k 为比例系数,与导线的形状、周围介质等因素有关)。磁路系统中的磁芯通常由高磁导率材料制成,它能够有效地将导线周围的磁场集中起来,并引导至霍尔元件所在的位置。磁芯的形状和结构设计对于提高磁场的集中度和均匀性起着关键作用。例如,常见的磁芯形状有环形、C形等,环形磁芯能够更好地将磁场集中在内部,减少磁场泄漏,从而提高传感器的灵敏度。

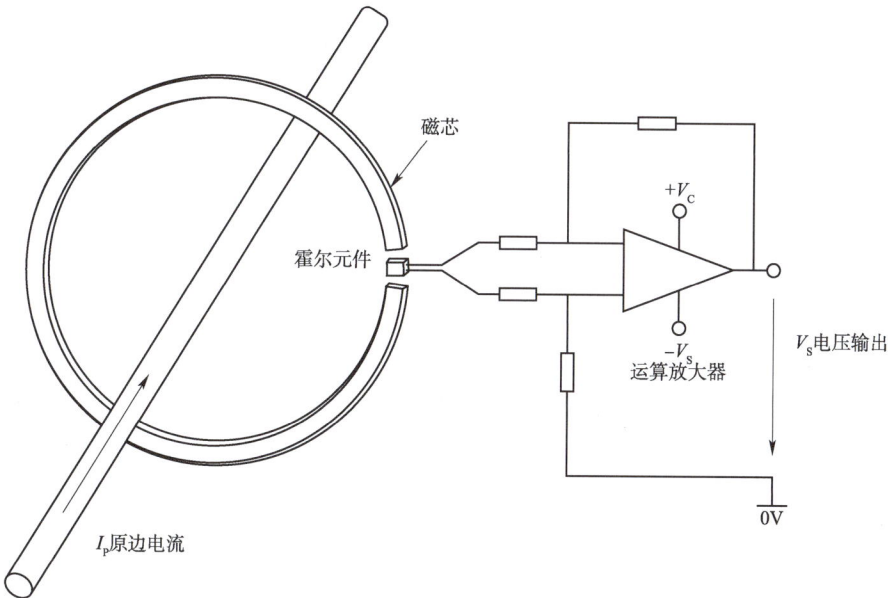

图 4-1-4　霍尔式电流传感器的工作原理

霍尔式电流
传感器工作原理

霍尔元件在磁场的作用下,其内部的带电粒子会受到洛伦兹力的作用而发生偏转。当电场对带电粒子的作用力与洛伦兹力达到平衡时,会在霍尔元件的垂直方向上形成稳定的霍尔电压,根据霍尔效应的原理,霍尔元件产生的霍尔电压与被测电流 I 成正比关系。然而,由于霍尔元件输出的霍尔电压通常非常微弱,一般在毫伏甚至微伏级别,无法直接满足后续测量和控制的需求。因此,需要通过信号处理电路对霍尔电压进行处理。信号处理电路中的放大器模块会对霍尔电压进行放大,将微弱的电压信号放大到合适的幅度,以便后续的电路能够进行处理和分析。滤波器模块则用于去除信号中的噪声和干扰,提高信号的质量。常见的滤波器有低通滤波器、高通滤波器和带通滤波器等,应根据实际需求选择合适的滤波器类型,能够有效地滤除不同频率范围的噪声。经过放大和滤波处理后的信号,还需要进行整形等进一步处理,以得到一个稳定、准确的与被测电流成正比的电压信号。这个处理后的电压信号可以被输入后续的测量设备或控制系统中,用于显示电流值或作为控制信号的依据。

三、动力蓄电池系统电流传感器的特点

1. 电流传感器的优点

(1)结构简单。霍尔式电流传感器的构造相对不复杂,主要由霍尔元件、磁路系统、信号处理电路和外壳等部分组成。相较于一些复杂的传感器结构,其

动力蓄电池
电流传感器
工作原理

组成部件较少,设计和制造过程相对容易,这使得生产工艺相对简单,降低了生产难度和成本。

(2)成本低。由于结构简单,所需的零部件较少,并且生产工艺相对不复杂,使得霍尔式电流传感器在原材料采购、生产制造等环节的成本都相对较低。

(3)响应速度快。基于霍尔效应的原理,当被测电流通过导线产生磁场,霍尔元件能迅速感应到磁场变化并产生霍尔电压。并且信号处理电路能够快速对微弱的霍尔电压进行放大、滤波等处理,使得整个传感器能够快速响应电流的变化,输出与被测电流成正比的电压信号,满足实时监测的需求。

(4)电气隔离性能好。磁路系统将导线周围的磁场集中并引导至霍尔元件,使得传感器的测量电路与被测电流电路之间通过磁场进行耦合,实现了电气隔离。这种电气隔离特性可以有效防止测量电路受到被测电流电路中高电压、大电流的影响,提高了系统的安全性和可靠性,同时也减少了相互之间的干扰。

(5)易于安装和维护。简单的结构使得霍尔式电流传感器在安装过程中较为方便,对安装空间和环境的要求相对不苛刻。并且由于其组成部件较少,在出现故障时,排查和维修也相对容易,降低了维护成本和维护难度。

2. 电流传感器的缺点

(1)易受外界磁场干扰。由于霍尔式电流传感器工作原理依赖于对磁场的感应,当周围环境中存在其他强磁场时,这些干扰磁场会叠加到被测电流产生的磁场中,使传感器测量到的磁场强度发生变化,从而影响测量结果的准确性。这种对外界磁场干扰的敏感性,限制了开环霍尔式电流传感器在一些磁场环境复杂场景中的应用。

(2)霍尔电压微弱需处理。霍尔元件输出的霍尔电压通常非常微弱,一般在毫伏甚至微伏级别,无法直接满足后续测量和控制的需求。这就需要通过信号处理电路对其进行放大、滤波、整形等一系列复杂处理,增加了电路的复杂性和成本,并且在信号处理过程中也可能引入新的误差。

(3)受温度影响较大。温度的变化会对霍尔元件的灵敏度系数及磁路系统的磁导率等参数产生影响。例如,温度变化可能导致霍尔元件的灵敏度发生漂移,使得测量结果产生偏差。同时,磁路系统的磁导率变化也会影响磁场的集中和传输,进而影响传感器的测量精度,所以该传感器在不同温度环境下的测量稳定性较差。

> **想一想:**
> 为什么需要用电流传感器测量动力蓄电池的工作电流?

四、动力蓄电池系统电流传感器的应用

电流传感器在动力蓄电池系统中精确测量电流有重要意义,如可为电池充放电状态评估、电池剩余电量(SOC)估算、过流保护等提供关键数据支持。电流传感器的准确测量对于保障动力蓄电池系统安全、稳定、高效运行也十分重要。

(1)为电池充放电状态评估提供精准数据。在新能源汽车的日常使用中,电池始终处于

充放电的动态过程。电流传感器能够实时监测充放电电流的大小和方向,BMS 依据这些精确的数据可以准确判断电池是处于充电、放电还是静置状态。例如,在充电过程中,通过对电流的持续监测,BMS 可以清晰地了解充电电流是否稳定在合适的范围内。若电流出现异常波动,BMS 能够及时调整充电策略,防止因过充或充电不均导致电池性能下降甚至出现安全隐患。在放电过程中,精确的电流数据可以帮助 BMS 准确评估电池的放电深度,从而更好地管理电池的使用,延长电池的使用寿命。

（2）助力电池剩余电量（SOC）的精准估算。SOC 是驾驶人和车辆控制系统都极为关注的重要参数,它直接关系到车辆的续驶里程和行驶安全性。电流传感器所提供的准确电流信息是 SOC 估算的关键依据之一。目前,常用的 SOC 估算方法,如安时积分法、卡尔曼滤波法等,都需要依赖精确的电流测量数据。通过对一段时间内充放电电流的积分计算,结合电池的初始电量和其他相关参数,BMS 可以较为准确地估算出电池的剩余电量。例如,当车辆在行驶过程中,电流传感器实时反馈的电流数据可以让 BMS 不断更新 SOC 值,为驾驶人提供更准确的续驶里程信息,避免因电量估算不准确而导致车辆在行驶中突然断电。

（3）实现可靠的过流保护功能。在动力蓄电池系统的运行过程中,由于各种原因,如电路短路、负载过大等,可能会出现过流现象。过流会导致电池和相关电气部件发热,严重时甚至可能引发火灾等安全事故。电流传感器能够迅速检测到过流情况的发生,并将这一信息及时反馈给 BMS。BMS 接收到过流信号后,会立即采取相应的保护措施,如切断电路、降低输出功率等,以保护电池和整个系统的安全。例如,当车辆的某个电气设备发生短路故障,导致电流瞬间增大时,电流传感器能够在极短的时间内检测到这一异常电流,并将信号传递给 BMS,BMS 会迅速切断该设备的电源,防止故障进一步扩大,保障车辆和人员的安全。

（4）优化 BMS 的控制策略。精确的电流测量数据可以帮助 BMS 更好地了解电池在不同工况下的性能表现,从而不断优化电池的充放电控制策略。例如,通过对大量充放电电流数据的分析,BMS 可以根据电池的实际情况调整充电电压和电流的曲线,使电池在不同的温度和剩余电量条件下都能以最佳的方式进行充电,提高充电效率和电池的使用寿命。在放电过程中,BMS 可以根据电流数据合理分配电池的输出功率,确保车辆在不同的行驶工况下都能获得稳定的动力输出,同时降低电池的损耗。

（5）提升动力蓄电池系统的能量管理效率。在新能源汽车的能量管理系统中,电流传感器的作用不可或缺。它能够帮助系统准确了解电池的能量流入和流出情况,从而实现对电池能量的优化管理。例如,在车辆制动过程中,电流传感器可以监测到再生制动产生的电流,并将其反馈给 BMS。BMS 根据这一信息可以合理控制再生制动的强度,最大限度地回收制动能量,提高车辆的能量利用效率。在车辆行驶过程中,通过对电流的实时监测,能量管理系统可以根据电池的剩余电量和车辆的行驶需求,合理分配电池的能量,确保车辆在不同工况下都能以最佳的能量效率运行。

五、动力蓄电池系统电流传感器的测试方法

动力蓄电池系统电流传感器的电路图如图 4-1-5 所示,对电流传感器的电源电压可使用万用表进行测量,将表笔分别连接到电源端和搭铁端,测量其电压值。动力蓄电池电流传感器测试

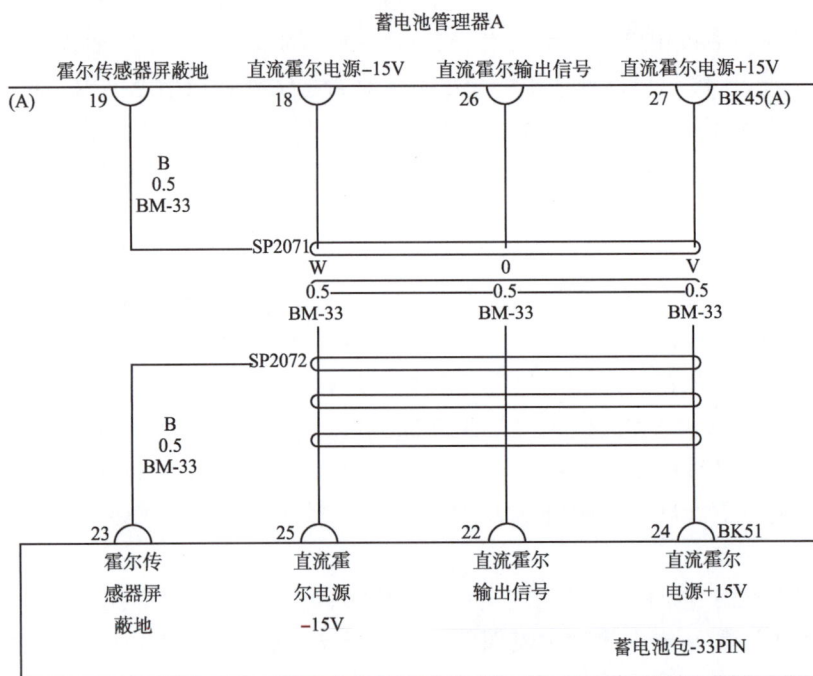

图 4-1-5　动力蓄电池系统电流传感器的电路图

六、动力蓄电池系统电流传感器发展趋势

（测量动力蓄电池电流传感器）

　　未来，随着新能源汽车对电池管理精度要求的不断提高，霍尔式电流传感器将朝着更高精度的方向发展。一方面，进一步优化霍尔元件的性能，提高其灵敏度和线性度，降低噪声和温度漂移；另一方面，开发更先进的信号处理算法和技术，如采用人工智能算法对测量数据进行分析和处理，实时补偿测量误差，提高测量精度。此外，还可能会出现新的测量原理和技术，与霍尔效应相结合，实现更精确的电流测量。新能源汽车的工作环境复杂多变，对霍尔式电流传感器的抗干扰能力和可靠性提出了更高的要求。未来，传感器将采用更先进的抗干扰技术，如采用磁屏蔽、电磁屏蔽和软件滤波等多种抗干扰措施相结合的方式，提高传感器在复杂电磁环境下的工作稳定性。同时，加强传感器的可靠性设计，采用冗余设计、故障诊断和自修复技术等，提高传感器的可靠性和安全性，确保在各种恶劣条件下都能正常工作。

　　据调研数据，2023 年中国电流传感器市场规模为 6.88 亿美元，约占全球的 19.89%，预计 2030 年将达到 15.72 亿美元，届时全球占比将达到 23.66%。市场规模的快速增长主要得益于新能源汽车、充电桩、可再生能源等新兴领域的发展，对电流传感器的需求不断增加。国产化电流传感器具有更高的性价比，能够帮助企业降低成本。同时，可减少对国外供应链的依赖，提高供应链的稳定性和抗风险能力。国内企业在电流传感器领域的技术创新不断加快，性能逐渐与国际品牌媲美。国产传感器在测量范围、精度、响应时间等技术参数上，已能满足大多数应用场景的需求。如芯森电子的 CM1A H00 系列高精度电流传感器，采用先进的闭环霍尔技术，精度高达 0.2%。

> **想一想：**
>
> 查询更多的资料，与同学分享我国电流传感器发展的最新趋势。

任务实施

一、任务准备

准备动力蓄电池电流传感器检测所需的用品和工具设备，见表4-1-1。

工作准备　　　　　　　　　　　　　　　　　表4-1-1

类别	所需物料
车辆防护用品	绝缘垫、隔离带、高压警示牌、绝缘手套、绝缘鞋、护目镜、车内防护用品、翼子板布
测试仪器、设备	万用表、示波器、诊断仪、拆装工具套装、撬板、扭力扳手、实训车辆、计算机

二、实操演练

任务　动力蓄电池电流传感器检测

1. 动力蓄电池电流传感器的硬件检查

对动力蓄电池电流传感器外观及安装状态进行检查，检查内容见表4-1-2。

动力蓄电池电流传感器外观及安装状态检查　　　　　表4-1-2

序号	检查项目	检查内容	是否正常	维修建议
1	电流传感器外观	外壳是否破损	是□　否□	更换传感器
		是否有进水痕迹	是□　否□	
		是否有敲击痕迹	是□　否□	
2	电流传感器安装位置	安装位置是否正确	是□　否□	重新安装调整
		安装是否紧固	是□　否□	
		固定底座是否变形	是□　否□	
3	电流传感器线束接口	接口是否存在虚接、破损、进水以及异物等情况	是□　否□	更换或修复
4	电池管理系统线束	线束是否存在破损、折断、烧蚀等情况	是□　否□	更换或修复

2. 电流传感器电路图

查阅相关维修手册，在下框中画出电流传感器的相关电路图。

3. 测量动力蓄电池电流传感器

以实训车辆为例,对动力蓄电池电流传感器进行测量,将测量结果填入表 4-1-3 中。

电流传感器测量　　　　　　　　　　　　　　　表 4-1-3

序号	检测项目	检测内容	检测工具	检测结果	标准值	是否正常	维修意见
1	供电线路	电压	万用表		15 V	是□ 否□	
2	搭铁线路	电阻	万用表		<1Ω	是□ 否□	

4. 检验动力蓄电池电流传感器

将动力蓄电池电流传感器检查结果记录在表 4-1-4 中。

检验结果　　　　　　　　　　　　　　　表 4-1-4

检查项目	检查结果	操作要点
电流传感器供电电压是否正常	是□ 否□	
电流传感器搭铁电阻是否正常	是□ 否□	
故障部件是否正常工作	是□ 否□	
系统功能是否恢复正常	是□ 否□	
维修工具是否整理归位	是□ 否□	
维修工位是否打扫干净	是□ 否□	
工作页是否填写完整	是□ 否□	

想一想:

动力蓄电池电流传感器故障,会影响车辆的哪些功能呢?

任务评价

完成表 4-1-5 所示学习情境评价表。

动力蓄电池电流传感器原理与检测学习情境评价表　　　　　　表 4-1-5

基本信息	姓名		学号		班级		组别	
	角色		任务			目标		
	规定时间		完成时间		考核日期		总评成绩	

续上表

	序号	实训步骤	评分标准	分值（分）	自评（分）	互评（分）	师评（分）	综合评分（分）
考核内容	1	准备工作	实训前期检查是否全面、到位	10				
	2	检查并穿戴防护用具，检查工具	检查是否全面规范穿戴护具，工具是否规范	10				
	3	画出电流传感器电路图	操作是否规范，步骤是否正确	15				
	4	电流传感器测试	操作是否规范，步骤是否正确	15				
	5	电流传感器的故障检测	操作是否规范，步骤是否正确	15				
	6	7S 管理	整理、整顿、清扫、清洁、素养、安全、节约	10				
	7	团队协作	成员是否配合默契	10				
	8	沟通表达	是否能沟通交流，是否正确表达意思	10				
	9	工单填写	填写是否正确规范	5				
教师评语								

任务总结

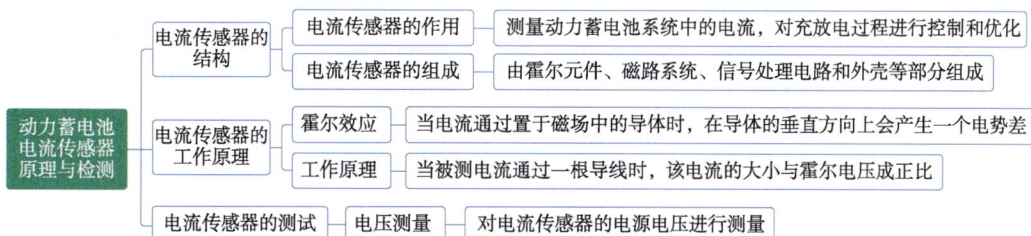

请写出完成本次任务的反思。

_____

_____

课后练习

一、单项选择题

1. 电流传感器的工作原理是( )。

    A. 压电效应   B. 电磁感应   C. 霍尔效应   D. 光电效应

2. 当电流通过导体时,原本在导体中均匀分布的带电粒子(电子或离子)会受到磁场施加的力是( )。

    A. 电场力   B. 磁场力   C. 洛伦兹力   D. 引力

3. 以下哪种情况可能导致电流传感器故障?( )

    A. 车辆长时间停放   B. 车辆突然断电

    C. 动力蓄电池轻微振动   D. 电磁干扰较强的环境

4. 霍尔式电流传感器一般使用的材料类型是( )。

    A. 金属材料   B. 陶瓷材料   C. 磁性材料   D. 半导体材料

5. 电流传感器的优点是( )。

    A. 响应速度快   B. 不受温度影响

    C. 无须外接电源   D. 结构复杂

二、简答题

1. 简述电流传感器在新能源汽车动力蓄电池系统中的作用。

2. 分析电流传感器的优点有哪些。

3. 分析电流传感器的缺点有哪些。

4. 简述电流传感器的工作原理。

三、论述题

结合所学知识,论述电流传感器在新能源汽车领域的发展趋势,以及对新能源汽车性能提升的意义。

学习任务二   动力蓄电池电压传感器原理与检测

任务导入

你是比亚迪4S店维修技师,客户反映打开起动开关后仪表板上有多个故障灯点亮,换挡杆拨至D位或R位,车辆均无法正常行驶。请你在遵守车辆检测安全规则的情况下,制订合理的方案,完成动力蓄电池系统电压传感器的检测,如果必要的话,还需要进行旧件拆卸和新件安装。希望你通过这次实践,不仅学会如何操作,更能体会到作为一名技师的责任和乐趣。准备好了吗?让我们开始吧!

任务资讯

一、动力蓄电池系统电压传感器的结构

在新能源汽车的动力系统中,动力蓄电池无疑是最为关键的核心部件,它如同汽车的"心脏",为车辆的行驶提供源源不断的动力。而动力蓄电池电压传感器则是保障动力蓄电池安全、稳定运行的重要支撑,它如同"心脏的监测仪",实时、精准地监测着动力蓄电池的电压状态。通过对动力蓄电池电压的精确测量,电压传感器为蓄电池管理系统(BMS)提供了至关重要的数据支持。BMS依据这些准确的电压数据,能够实现对SOC的精确估算,精准判断电池的健康状态(SOH),并制定出科学合理的充放电策略,从而有效地延长电池的使用寿命,提升电池的安全性和可靠性。当电池系统出现过压、欠压等异常情况时,动力蓄电池电压传感器能够迅速、敏锐地捕捉到电压的变化,并及时将信号反馈给BMS。BMS接收到信号后,会立即采取相应的保护措施,如切断电路、调整充电电流等,以避免电池和车辆受到不必要的损坏,确保车辆的安全运行。可以说,动力蓄电池电压传感器的性能优劣,直接关系到新能源汽车的动力性能、续驶里程以及安全性,在新能源汽车的发展中具有不可替代的核心地位。

（右上角二维码图标）
蓄电池管理系统的
工作原理

在BMS中,电压信号的采集是至关重要的一环。动力蓄电池的电压信息能够直接反映电池的充放电状态、剩余电量以及健康状况。首先,准确的电压信号采集为BMS估算SOC提供了关键依据,帮助用户了解车辆的续驶能力。电池的SOC是衡量电池剩余电量的重要指标,它直接影响着用户对车辆行驶里程的判断。通过精确采集电池电压,结合电池的充放电特性曲线,BMS能够更准确地估算出电池的SOC值。例如,在一些高端新能源汽车中,采用高精度的电压传感器和先进的算法,可将SOC估算误差控制在极小范围内,使驾驶人能够更精准地规划行程,避免因电量估算不准确而导致的续驶里程焦虑。同时,通过对电池组中各单体电池电压的监测,可以及时发现电池的不均衡现象,避免因单体电池差异导致的电池性能下降和安全隐患。在电池组中,由于各单体电池制造工艺、使用环境等因素的影响,可能会出现电压不一致的情况。如果这种不均衡现象得不到及时处理,会导致部分电池过度充放电,从而加速电池的老化和损坏,降低整个电池组的性能和寿命。而BMS通过实时采集各单体电池的电压信号,能够及时发现电压差异,并采取相应的均衡措施,如主动均衡或被动均衡,使各单体电池的电压趋于一致,保证电池组的稳定运行。以一个由多个单体电池串联组成的动力蓄电池组为例,当其中某个单体电池电压低于其他电池时,BMS会自动调整充电或放电策略,对该电池进行补充充电或限制其放电,从而避免该电池进一步恶化,提高电池组的整体性能。此外,当电池出现过压、欠压等异常情况时,电压信号的采集能够使BMS迅速做出反应,采取保护措施,防止电池损坏,保障车辆和人员的安全。过压会导致电池内部化学反应加剧,可能引发电池发热、冒烟甚至爆炸等严重后果;欠压则会使电池性能下降,缩短电池寿命。BMS通过实时监测电池电压,一旦检测到电压超出正常范围,会立即切断充电或放电回路,避免电池受到不可逆的损伤。例如,在电动汽车快速充电过程中,如果电池电压上升过快,超过了设定的过压阈值,BMS会自动降低充电电流或停止充电,确保电池的安全。进一步来看,电压信号采集对于优化电池的充放电策略具有重要意义。BMS可以根据采集到的电压信号,结合电池的温度、电流等参数,制定出最适合电池当前状态的充放电策略。在充电过程中,根据电池电压的变化情况,调整充电电流的大小,实现恒流充电、恒压充电等不同阶段的转换,提高充电效率和电池的使用寿命。在放电过程中,根据电压信号判断电池的放电深度,避免过度放电对电池造成损害。电压信号采集的准确性和及时性也对新能源汽车的能源管理和智能控制起到关键作用。它为车辆的能量回收系统提供了重要的数据支持,使能量回收系统能够根据电池的实时电压状态,合理调整回收电流,提高能量回收效率,进一步提升车辆的续驶里程。同时,准确的电压信号还可以与车辆的其他系统,如动力系统、空调系统等进行协同控制,实现能源的优化分配,提高车辆的整体能源利用效率。

要测量一个带电体的电压,使用电压表,用导线将带电体与电压表两端分别相接读出电压值即可。BMS 采集电池电压的大致形式就是这样的。电芯是我们待测的带电体,采样线就是导线,比较麻烦的是"电压表"。动力蓄电池系统往往包含几百节单体电芯,通常每节电芯电压都需要测量,即配备一个"电压表"。随着半导体工艺集成度的提高,很多大型半导体生产企业均面向 BMS 开发了专用集成芯片(IC),通过将几百个"电压表"集成在芯片上,留出对外的测量引脚与导线和电芯相接,即可完成电压采集硬件电路的搭建,再配合上相应的软件算法可计算出最终的电压值,如图 4-2-1 所示。

图 4-2-1　动力蓄电池电压传感器

二、动力蓄电池系统电压传感器的工作原理

分压式电压传感器是一种常用的电压传感器。回顾物理知识,欧姆定律是电压传感器工作的基础,如图 4-2-2 所示,其原理是通过电阻分压网络将动力蓄电池的高电压转换为低电压信号。在 BMS 中,分压式电压传感器结构简单、成本较低,适用于对精度要求不是特别高的场合。它由多个高精度电阻串联组成分压电路,根据串联电路的分压原理,将电池电压按比例分配到各个电阻上,通过测量其中一个电阻两端的电压,就可以间接得到电池的电压值。在这个电路中,当动力蓄电池的高电压施加到该分压电阻网络上时,依据串联电路中各电阻两端的电压与电阻值成正比的关系,分压电阻网络会将高电压按照一定的比例进行分压。假设分压电路由两个电阻和串联组成,根据分压公式,就可以计算出输出电压的大小。通过合理选择分压电阻的阻值,能够得到所需的输出电压范围。经过分压后得到的低电压

信号,再通过后续的信号调理电路进行放大、滤波等处理,去除信号中的噪声和干扰,提高信号质量。最后,经过处理的信号传输到数据采集模块进行模数转换(A/D转换),转换为数字信号后,以便BMS进行处理和分析,从而实现对动力蓄电池电压的间接测量,如图4-2-3所示。在实际的BMS应用中,分压式电压传感器的选型需要综合考虑多个因素。首先是测量范围,不同型号的动力蓄电池其电压范围有所不同,例如一些小型电动汽车的动力蓄电池电压可能在300~400V,而大型电动客车的动力蓄电池电压可能会超过600V。因此,需要根据具体的电池电压范围选择合适量程的分压式电压传感器,以确保传感器能够安全、准确地工作。

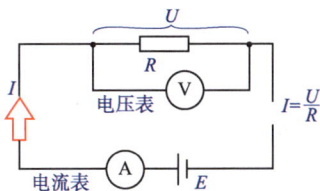

图 4-2-2　欧姆定律

吉利纯电动汽车
故障诊断仪的使用

| 电力蓄电池内部总电压 |
| 动力蓄电池外部总电压 |
| 直线母线电压 |
| 动力蓄电池充放电电流 |
| 整车STATE状态 |
| 正极对地绝缘阻值 |
| 负极对地绝缘阻值 |
| KL15 |
| KL30 |
| 动力蓄电池正端继电器当前状态 |
| 动力蓄电池负端继电器当前状态 |
| 提示 |
| 请选择想要浏览的项目。(不选择的时候认为全选) |

| 返回 | 上一页 | 下一页 | 确定 |

图 4-2-3　动力蓄电池电压测量结果

三、动力蓄电池系统电压传感器的特点

1. 分压式电压传感器的优点

(1)结构简单。分压式电压传感器主要由多个高精度电阻串联组成分压电路,其组成结构相对其他类型的电压传感器而言较为简单,没有复杂的电磁感应部件或光电转换元件等,这种简单的结构使得它在设计、制造和理解方面都相对容易。

（2）成本较低。由于分压式电压传感器主要由电阻等基础电子元件构成,这些元件在市场上较为常见且价格相对低廉,无须使用昂贵的特殊材料或复杂的制造工艺,所以整体制造成本较低,这使得它在对成本较为敏感的应用场景中具有很大的吸引力,适合一些对精度要求不是特别高的场合,可有效降低 BMS 的整体成本。

（3）易于实现。基于其简单的结构和原理,分压式电压传感器在实际应用中的安装和调试过程相对简便,不需要复杂的操作和专业的技术人员,能够快速搭建起电压采集电路,对于一些对技术要求不是特别高的项目或设备来说,是一种较为理想的选择。

（4）适用于多种场景。可以根据不同的电池电压范围和测量需求,通过合理选择分压电阻的阻值,灵活调整分压比,从而满足不同应用场景下的电压采集需求,在各种不同规格的动力蓄电池 BMS 中都有一定的应用空间。

2. 分压式电压传感器的缺点

（1）测量精度受电阻精度影响大。分压式电压传感器的测量原理依赖于电阻分压网络,其测量精度与分压电阻的精度紧密相关。如果分压电阻本身的阻值存在偏差,那么根据分压公式计算出的电压值也会不准确。例如,在一些对精度要求较高的应用场景中,若分压电阻的精度为 ±1%,经过分压计算后,最终测量的电压误差可能会进一步放大,无法满足高精度测量的需求。而且,不同批次的电阻其精度也可能存在差异,这会给传感器的一致性和稳定性带来挑战。

（2）温度漂移影响测量结果。分压电阻的阻值会随温度发生变化,即存在温度漂移现象。在不同的温度环境下,电阻的阻值改变会导致分压比发生变化,从而使测量的电压值出现偏差。例如,在高温环境中,某些电阻的阻值可能会增大,使得分压后的输出电压发生改变,导致测量结果不准确。为了减小温度漂移的影响,需要采用温度系数低的电阻材料或者增加温度补偿电路,但这又会增加成本和电路的复杂性。

（3）抗干扰能力相对较弱。由于分压式电压传感器的信号较为微弱,在传输过程中容易受到外界电磁干扰的影响。汽车内部存在着各种电磁干扰源,如电机、控制器等,这些干扰可能会导致传感器输出的电压信号出现波动,影响测量的准确性。而且,分压式电压传感器通常没有专门的电气隔离措施,当动力蓄电池系统存在高电压或电气故障时,可能会对测量电路造成损坏。

> **想一想:**
> 为什么需要电压传感器测量动力蓄电池的工作电压?

四、动力蓄电池系统电压传感器的应用

动力蓄电池系统电压传感器在新能源汽车的 BMS 中有着广泛且关键的应用,具体如下。

（1）SOC 估算。电压信号是估算 SOC 的重要依据之一。例如,在常见的开路电压法中,可通过测量电池的开路电压来估算 SOC,因为电池的开路电压与 SOC 之间存在一定的对应关系。在其他估算方法（如安时积分法、卡尔曼滤波法等）中,电压信号也作为重要的输入参数,与电流、温度等信号一起,通过复杂的算法计算出 SOC 值,从而帮助用户了解车辆的续驶能力,为车辆的能源管理提供关键信息。

(2)电池均衡控制。电池组中各单体电池之间可能会出现电压不均衡的情况,这会影响电池组的整体性能和寿命。通过对各单体电池电压信号的采集与分析,可以判断电池的不均衡程度和状态。当发现单体电池电压差异较大时,BMS会根据电压信号分析结果,采取相应的均衡控制策略,如主动均衡或被动均衡,使各单体电池的电压趋于一致,实现电池组的均衡充电和放电,提高电池组的稳定性和使用寿命。

(3)过压、欠压保护。当电池电压超过或低于设定的阈值时,可能会对电池造成损坏,甚至引发安全隐患。电压传感器实时采集电池电压信号,一旦检测到过压或欠压情况,BMS会立即采取措施,如切断充电或放电回路,保护电池免受损坏,保障车辆和人员的安全。

(4)电池健康状态(SOH)评估。通过对电池电压的长期监测和分析,可以为电池健康状态评估提供数据支持。电池的电压变化情况能够反映出电池的老化程度和健康状况,例如电池在使用过程中,电压的稳定性、充放电过程中的电压变化速率等参数,都可以作为判断电池SOH的重要依据,为电池的更换和维护提供参考。

(5)能量回收系统配合。在新能源汽车的能量回收过程中,电压传感器采集的信号可以为能量回收系统提供电池实时电压状态。能量回收系统根据这些信息,合理调整回收电流,提高能量回收效率,进一步提升车辆的续驶里程,实现能源的优化利用。

五、动力蓄电池系统电压传感器的测试方法

动力蓄电池系统BMS的电路图如图4-2-4所示,对BMS的电源电压可使用万用表进行测量,将表笔分别连接到电源端和搭铁端,测量其电压值。

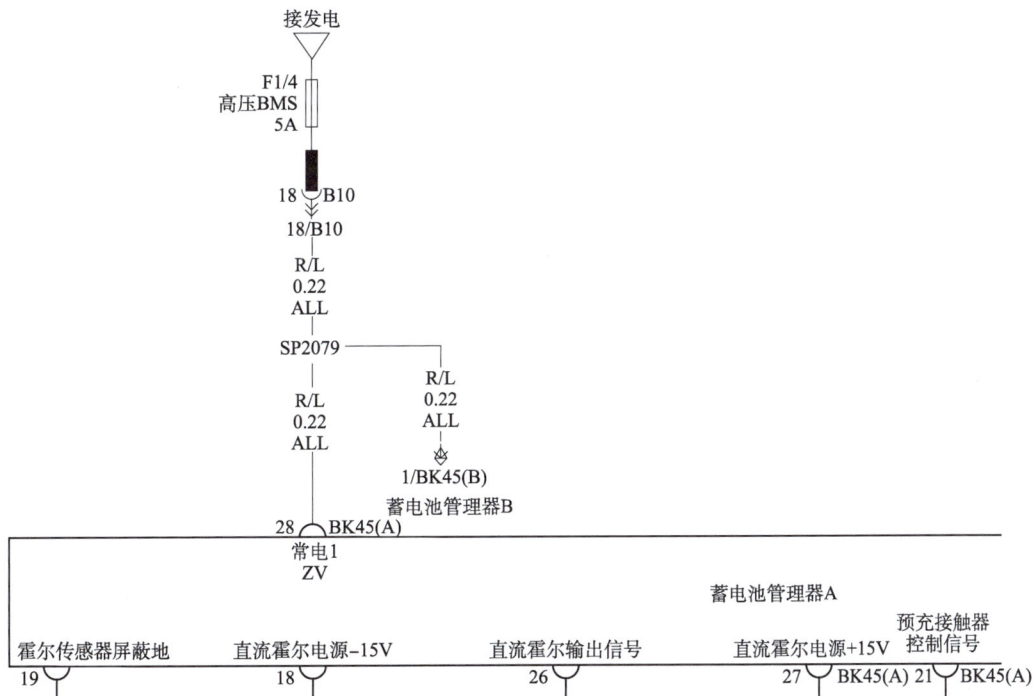

图4-2-4 动力蓄电池系统BMS的电路图

六、动力蓄电池系统电压传感器发展趋势

随着新能源汽车技术的不断发展,对动力蓄电池电压信号采集的精度和可靠性要求越来越高。未来,传感器制造商将不断研发新型传感器,采用更先进的材料和制造工艺,提高传感器的性能。例如,开发具有更高灵敏度和更低温度漂移的分压式电压传感器,或采用新型磁材料和制造工艺的电磁感应式电压传感器,以满足 BMS 对高精度电压测量的需求。智能化和自动化的信号处理技术将成为未来电压信号采集系统的发展方向。通过引入人工智能算法和机器学习技术,能够对采集到的大量电压数据进行更深入的分析和挖掘,实现对电池状态的更准确评估和预测。同时,自动化的信号处理系统能够根据电池的实时状态自动调整采集参数和处理策略,提高系统的适应性和智能化水平。

随着新能源汽车产业的蓬勃发展,我国动力蓄电池电压传感器市场规模呈现出持续增长的态势。新能源汽车产量的不断增加,直接带动了对动力蓄电池电压传感器的需求,以实现对动力蓄电池电压的精确测量和监测。在新能源汽车产销量继续保持增长、新能源汽车技术不断升级以及 BMS 对电压传感器精度和可靠性要求不断提高的背景下,预计我国动力蓄电池电压传感器市场将继续保持较高的增长速度。国产传感器在测量范围、精度、响应时间等技术参数上,已能满足大多数应用场景的需求。深圳科敏传感集团于 2024 年 3 月 12 日推出应用在电池包的低成本无线电压温度一体化传感器,结合了高精度电压传感器、温度传感器以及无线通信技术,实现了对电池包内部电压和温度的实时监测。

> **想一想:**
> 查询更多的资料,与同学分享我国电压传感器发展的最新趋势。

任务实施

一、任务准备

准备动力蓄电池电压传感器检测所需的用品和工具设备,见表4-2-1。

工作准备 表4-2-1

类别	所需物料
车辆防护用品	绝缘垫、隔离带、高压警示牌、绝缘手套、绝缘鞋、护目镜、车内防护用品、翼子板布
测试仪器、设备	万用表、示波器、诊断仪、拆装工具套装、撬板、扭力扳手、实训车辆、计算机

二、实操演练

任务 动力蓄电池电压传感器检测

1. 动力蓄电池电压传感器的硬件检查

对动力蓄电池电压传感器外观及安装状态进行检查,检查内容见表4-2-2。

动力蓄电池电压传感器外观及安装状态检查　表 4-2-2

序号	检查项目	检查内容	是否正常	维修建议
1	电压传感器外观	外壳是否破损	是□　否□	更换传感器
		是否有进水痕迹	是□　否□	
		是否有敲击痕迹	是□　否□	
2	电压传感器安装位置	安装位置是否正确	是□　否□	重新安装调整
		安装是否紧固	是□　否□	
		固定底座是否变形	是□　否□	
3	电压传感器线束接口	接口是否存在虚接、破损、进水以及异物等情况	是□　否□	更换或修复
4	电池管理系统线束	线束是否存在破损、折断、烧蚀等情况	是□　否□	更换或修复

2. 电压传感器电路图

查阅相关维修手册,在下框中画出电压传感器的相关电路图。

3. 测量动力蓄电池电压传感器

以实训车辆为例,对动力蓄电池电压传感器进行测量,将测量结果填入表 4-2-3 中。

电压传感器测量　表 4-2-3

序号	检测项目	检测内容	检测工具	检测结果	标准值	是否正常	维修建议
1	供电线路	电压	万用表		12V	是□　否□	
2	搭铁线路	电阻	万用表		<1Ω	是□　否□	

4. 检验动力蓄电池电压传感器

将动力蓄电池电压传感器检验结果记录在表 4-2-4 中。

检验结果　表 4-2-4

检查项目	检查结果	操作要点
电压传感器供电电压是否正常	是□　否□	
电压传感器搭铁电阻是否正常	是□　否□	
故障部件是否正常工作	是□　否□	

续上表

检查项目	检查结果	操作要点
系统功能是否恢复正常	是□ 否□	
维修工具是否整理归位	是□ 否□	
维修工位是否打扫干净	是□ 否□	
工作页是否填写完整	是□ 否□	

想一想:

动力蓄电池电压传感器故障,会影响车辆的哪些功能呢?

任务评价

完成表4-2-5所示学习情境评价表。

动力蓄电池电压传感器原理与检测学习情境评价表 表4-2-5

基本信息	姓名		学号		班级		组别			
	角色		任务			目标				
	规定时间		完成时间		考核日期		总评成绩			
考核内容	序号	实训步骤	评分标准	分值（分）	自评（分）	互评（分）	师评（分）	综合评分（分）		
	1	准备工作	实训前期检查是否全面、到位	10						
	2	检查并穿戴防护用具,检查工具	检查是否全面规范穿戴护具,工具是否规范	10						
	3	画出电压传感器电路图	操作是否规范,步骤是否正确	15						
	4	电压传感器测试	操作是否规范,步骤是否正确	15						
	5	电压传感器的故障检测	操作是否规范,步骤是否正确	15						
	6	7S管理	整理、整顿、清扫、清洁、素养、安全、节约	10						
	7	团队协作	成员是否配合默契	10						
	8	沟通表达	是否能沟通交流,是否正确表达意思	10						
	9	工单填写	填写是否正确规范	5						
教师评语										

任务总结

```
                    ┌─ 电压传感器的 ┌─ 电流传感器的作用 ── 测量动力蓄电池系统中的电压，对充放电过程进行控制和优化
                    │   结构       └─ 电流传感器的组成 ── 由采样线和电压采集硬件电路等部分组成
动力蓄电池           │
电压传感器           ├─ 电压传感器的 ┌─ 欧姆定律 ── 串联电路的分压原理
原理与检测           │   工作原理    └─ 工作原理 ── 将电池电压按比例分到电阻上，通过测量电阻的电压，得到电池的电压值
                    │
                    └─ 电压传感器的测试 ── 电压测量 ── 对电源电压进行测量
```

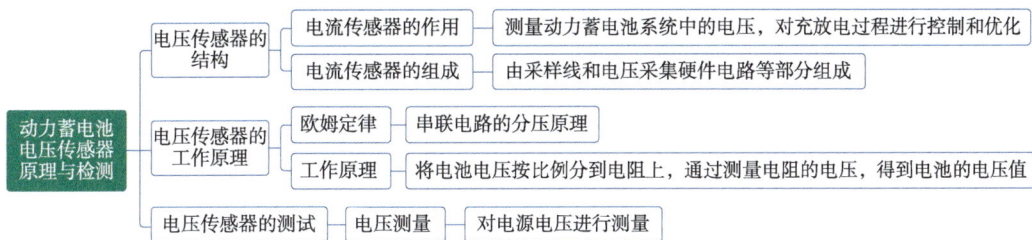

请写出完成本次任务的反思。

_____

_____

课后练习

一、单项选择题

1. 电压传感器的工作原理是(　　)。
   A. 压电效应　　　　B. 电磁感应　　　　C. 霍尔效应　　　　D. 欧姆定律

2. 动力蓄电池剩余电量的简称是(　　)。
   A. SOH　　　　B. SBC　　　　C. SOC　　　　D. SBH

3. 以下哪种情况可能导致电压传感器故障？(　　)
   A. 车辆长时间停放　　　　　　B. 车辆突然断电
   C. 动力蓄电池轻微振动　　　　D. 电源线束脱落

4. 纯电动汽车动力蓄电池电压一般可以达到(　　)。
   A. 50V　　　　B. 100V　　　　C. 400V　　　　D. 1500V

5. 电压传感器的优点是(　　)。
   A. 成本较低　　　B. 不受温度影响　　　C. 无须外接电源　　　D. 结构复杂

二、简答题

1. 简述电压传感器在新能源汽车动力蓄电池系统中的作用。
2. 分析电压传感器的优点有哪些。
3. 分析电压传感器的缺点有哪些。
4. 简述电压传感器的工作原理。

三、论述题

结合所学知识，论述电压传感器在新能源汽车领域的发展趋势，以及对新能源汽车性能提升的意义。

项目五

环境感知系统传感器原理与装调

学习目标

❈ 知识目标

1. 了解环境感知传感器的工作原理、结构及特点。
2. 熟悉环境感知传感器测速、测距的原理及分类。
3. 熟悉环境感知传感器的技术参数。

❈ 技能目标

1. 能够选用合适的工具、设备，完成环境感知传感器线路检修作业。
2. 能够按照要求，完成更换环境感知传感器的准备工作。
3. 能够使用拆装工具，完成环境感知传感器的更换作业。
4. 能够使用专业设备，完成环境感知传感器的测试作业。

❈ 素养目标

1. 能够自觉遵守法律、法规以及技术标准规定。
2. 能够弘扬工匠精神，具有认真负责的态度以及持之以恒、精益求精的精神。
3. 能够与同学和教师建立良好的合作关系，具有良好的团队协作精神。
4. 能够在实际操作过程中，培养动手实践能力，重视培养质量意识、安全意识、节能环保意识、规范操作意识及创新意识。

学习任务一　超声波雷达原理与装调

任务导入

你是宇通智能网联汽车的售后维修技师,客户的车辆自动泊车系统失效了,经过专业检测后排除了一部分故障,现在还有超声波雷达未检测。请你在遵守车辆检测安全规则的情况下,制订合理的方案,完成超声波雷达的检测,如果必要的话,还需要进行旧件拆卸和新件安装。希望你通过这次实践,不仅学会如何操作,更能体会到作为一名技师的责任和乐趣。准备好了吗? 让我们开始吧!

任务资讯

超声波是指频率高于人类听觉上限频率20kHz的机械波。超声波雷达就是以超声波作为检测手段,发射并接收40kHz的超声波,根据时间差计算出障碍物距离的传感器,其测量精度大约是1~3cm。

一、超声波雷达的作用

超声波雷达是利用超声波特性制成的雷达,根据声波从发射信号到接收反射波所用时间,计算出与障碍物的相对距离。

常见的超声波雷达有两种:第一种是安装在汽车前后保险杠上的,用于测量汽车前后障碍物的驻车雷达或倒车雷达,称为超声波驻车辅助传感器(Ultrasonic Parking Assistant, UPA);第二种是安装在汽车侧面,用于测量侧方障碍物距离的超声波雷达,称为自动泊车辅助传感器(Automatic Parking Assistant, APA)。超声波雷达如图5-1-1所示。

图5-1-1　超声波雷达

超声波雷达——
倒车雷达应用

UPA和APA两类超声波雷达,由于性能特征不同,分别用于不同的使用场景。UPA是一种短程超声波雷达,主要安装在车身的前部与后部,检测范围为25cm~2.5m,由于检测距离大,多普勒效应和温度干扰小,检测更准确。APA是一种远程超声波雷达,主要用于车身侧面,检测范围为35cm~5m,可覆盖一个停车位,其方向性强,探头波的传播性能优于UPA,不易受到其他APA和UPA的干扰,检测距离越远,检测误差越大。

二、超声波雷达的结构

超声波雷达采用双晶振子(压电晶片),即把双压电陶瓷片以相反极化方向粘在一起,在长度方向上,一片伸长另一片就缩短。在双晶振子的两面涂覆薄膜电极,上面用引线通过金属板(振动板)接到一个电极端,下面用引线直接接到另一个电极端。双晶振子为正方形,正方形的左右两边由圆弧形凸起部分支撑,这两处的支点就成为振子振动的节点。金属振动板的中心有圆锥形振子,发送超声波时,圆锥形振子有较强的方向性,因而能高效地发送超声波;接收超声波时,超声波的振动集中于振子的中心,所以能产生高效率的高频电压。超声波传感器采用金属或塑料外壳,其顶部有屏蔽栅。超声波传感器典型结构如图 5-1-2 所示。

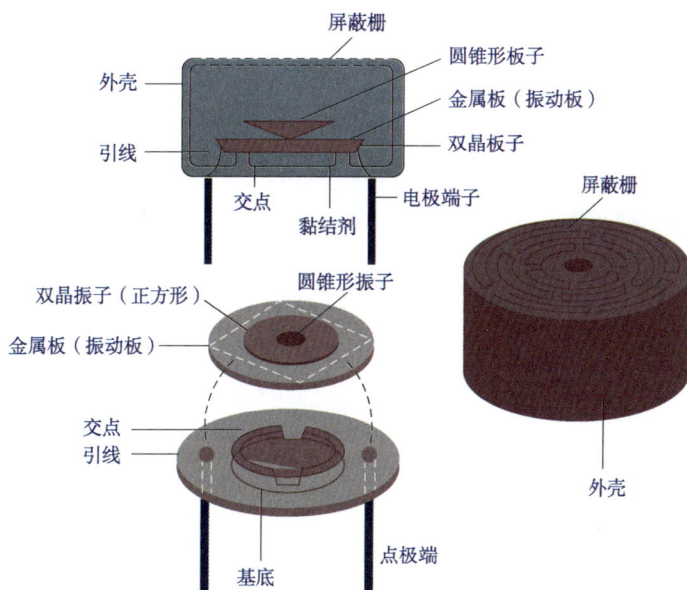

图 5-1-2　超声波传感器典型结构

通过超声换能结构,配以适当的收发电路,就可以使超声能量定向传输,并按预期接收反射波,实现超声测距、遥控、防盗等检测功能。

超声波传感器有一个发射头和一个接收头,安装在同一面上。在有效的检测距离内,发射头发射特定频率的超声波,遇到检测面反射部分超声波;接收头接收返回的超声波,由芯片记录声波的往返时间,并计算出距离值。

三、超声波雷达的工作原理

超声波雷达的工作原理是利用超声波传感器发射出固定频率的超声波,再由传感器接收经过障碍物反射回来的超声波。根据发射与接收超声波的时间差,由控制单元进行处理并计算出相对距离,以达到障碍物探测的目的。超声波雷达工作原理如图 5-1-3 所示。

超声波雷达常用的探头工作频率分为 40kHz、48kHz 和 58kHz 三种,其中 40kHz 的雷达探头因其灵敏度高、抗干扰能力强、短距离内精度高,常用于车辆泊车雷达。

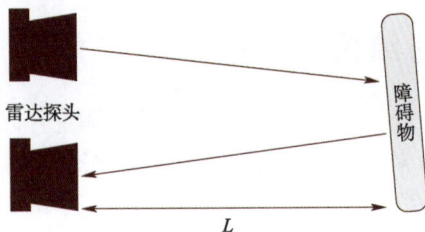

图 5-1-3　超声波雷达的工作原理

四、超声波雷达的特点

在实际应用中,超声波雷达着众多优点,尤其是在短距离测量中有着非常大的优势。但作为一种机械波,超声波雷达也存在着局限性。

1. 优点

(1)能量损耗慢。超声波的传播速度仅为光波的百万分之一,因此能量消耗缓慢。

(2)指向性强。超声波因为频率较高,波长较短,不容易发生衍射,指向角较小,拥有较好的指向性。因此很适合测量距离较近的目标。

(3)抗干扰性强。

①超声波对色彩、光照度不敏感,可用于识别透明、半透明及漫反射差的物体。

②超声波对外界光线和电磁场不敏感,可用于黑暗、有灰尘或烟雾、电磁干扰强等恶劣环境中。

(4)结构简单、体积小。超声波传感器结构简单、体积小、成本低,信息处理简单可靠,易于小型化和集成化,并且可以进行实时控制。

2. 局限性

1)对温度敏感

超声波传感器的波速受温度影响,近似关系为:

$$C = C_0 + 0.607 \times T \tag{5-1-1}$$

式中:C_0——零度时的波速,为332m/s;

　　　T——温度,℃。

对于超声波测距精度要求达到1mm 时,就必须把超声波传播的环境温度考虑进去。例如当温度是0℃时,波速为332m/s;30℃时,波速为350m/s。温度引起的超声波速度变化为18m/s。

2)无法精确描述障碍物位置

当超声波与障碍物距离较远时,声波的角度变大,回波信号弱,方向性差,因此无法精确描述障碍物位置。

> **想一想:**
> 日常生活中,你所用到的超声波雷达有哪些优缺点呢?

五、超声波雷达测速、测距原理

根据算法的不同,超声波测距有相位检测、幅值检测和脉冲回波检测三种测距方法。

1. 相位检测法

相位检测法是首先检测出超声波和机械回波之间的相位差,然后根据相位差计算出障碍物与超声波传感器之间的距离。相位检测法测距精度较高,但是为了确定机械回波信号的相位,需要设置结构较复杂的鉴别相位的电路来进行回波信号处理,成本较高。此外,该方法在实际应用中测量距离较短,为 15～70cm。

2. 幅值检测法

幅值检测法是将回收到的机械回波信号进行处理,并将其转化为包络曲线,利用该曲线的峰值分析来确定机械回波前沿最远所能到达的距离。幅值检测法仅通过回波幅值判断距离,易受反射波的影响。

3. 脉冲回波检测法

超声波脉冲回波检测法,如图 5-1-4 所示,是超声波发射头发出具有一定频率的、短促的超声波信号,同时启动时钟计数器,直到接收头收到障碍物反射的机械回波信号,并转换为相应的电信号。此时放大接收电路会将电信号放大,控制器会识别该信号,同时时钟计数器停止计数,读出计数器数值即可得到回波时间,从而计算出障碍物到传感器的距离。

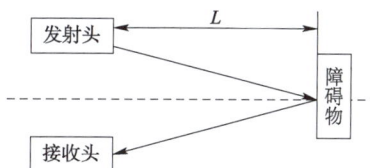

图 5-1-4　脉冲回波检测法测距原理

接收时间与发射时间之差即超声波在空气中的回波时间,因此障碍物与传感器之间的距离为:

$$L = CT/2 \tag{5-1-2}$$

式中:C——超声波在空气中的传播速度,常温下约为 340m/s;

T——发射端与接收端的回波时间差,s。

脉冲回波检测方法较简单,在非高精度的测距场景使用较多。

六、超声波雷达的分类

按照安装方式分,超声波传感器可以分为直射式和反射式,反射式又可分为发射头与接收头分体和发射接收一体两种形式。

按照传感器探头结构分,超声波传感器可分为直探头、斜探头、表面波探头、双探头、聚焦探头、水浸探头及其他专用探头。

按照工作原理分,超声波传感器可分为压电式、磁致伸缩式、电磁式。较为常用的是压电式超声波传感器。

按照工作频率分,超声波传感器有 40kHz、48kHz 和 58kHz 三种。一般情况下,频率越高,灵敏度越高,但水平与垂直方向的探测角也越小。汽车测距中使用的主要是 40kHz 的超声波传感器。

七、超声波雷达的技术参数

1. 测量范围

超声波传感器的测量范围取决于其使用的波长和频率。波长越长,频率越小,检测距离越大,如具有毫米级波长的紧凑型传感器的测量范围为 300 ~ 500mm,波长大于 5mm 的传感器测量范围可达 10m。

超声波雷达
主要性能指标

2. 测量精度

测量精度是指传感器测量值与真实值的偏差。测量精度越高,感知信息越可靠。超声波传感器测量精度主要受被测物体体积、表面形状、表面材料等影响。被测物体体积过小、表面形状凹凸不平、物体材料吸收声波等情况都会降低超声波传感器的测量精度。

3. 波束角

传感器产生的声波以一定角度向外发出,声波沿传感器中轴线方向上的超声射线能量最大,能量向其他方向逐渐减弱。以传感器中轴线的延长线为轴线,到一侧能量强度减小一半处的角度称为波束角。波束角越小,指向性越好。一些传感器具有较窄的 6°波束角,更适合精确测量相对较小的物体;一些波束角为 12° ~ 15°的传感器能够检测具有较大倾角的物体。

4. 工作频率

工作频率直接影响超声波的扩散和吸收损失、障碍物反射损失、背景噪声,并直接决定传感器的尺寸。一般选择 40kHz 左右工作频率的传感器,这样的传感器方向性尖锐,且避开了噪声,提高了信噪比;虽然传播损失相对低频有所增加,但不会给发射和接收带来困难。

5. 抗干扰性能

超声波为机械波,使用环境中的噪声会干扰超声波传感器接收物体反射回来的超声波,因此要求超声波传感器具有一定的抗干扰能力。

八、超声波雷达的应用

依据超声波传感器的测距原理,其在自动驾驶汽车上主要应用于倒车报警、自动泊车和辅助制动。

超声波雷达
应用实例

1. 倒车报警

倒车报警是超声波传感器最基础的应用。一般在车身后方安装 2 ~ 4 个超声波传感器,满足后方探测角度要求,如图 5-1-5 所示。在这个过程中,超声波传感器通常需要和控制器及显示器结合使用。

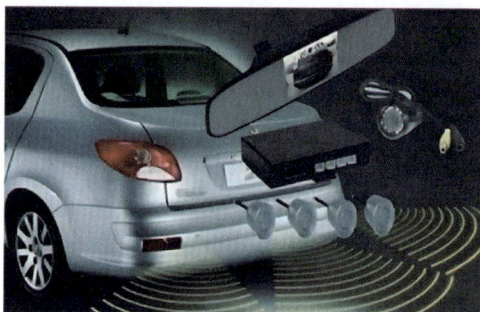

图 5-1-5　倒车报警

　　驾驶人在倒车时,启动倒车雷达,在控制器的控制下,由装置于车尾保险杠上的探头发送超声波,遇到障碍物后产生回波信号,传感器接收到回波信号后经控制器进行数据处理,判断出障碍物的位置。显示器显示距离并发出警示信号告知驾驶人周围障碍物的情况,帮助驾驶人扫除视野死角,避免视线模糊的缺陷,提高驾驶安全性。

2. 自动泊车

　　辅助驾驶阶段,超声波传感器可用于自动泊车,如图 5-1-6 所示。一般在车身前后安装 8~12 个超声波传感器,以探测车辆周围环境中的近距离目标,实现自动泊车。

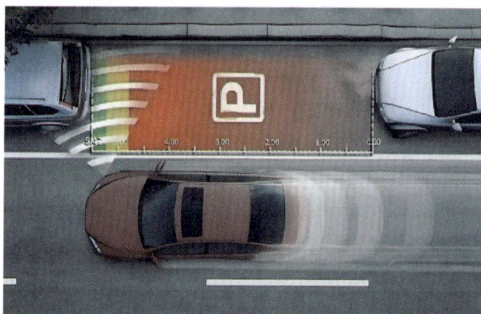

图 5-1-6　自动泊车

　　自动泊车需要经历识别库位和倒车入库两个阶段。泊车库位检测主要依赖于安装在车辆侧方的 APA。在汽车缓缓驶过车库时,利用汽车侧方的 APA 会得到一个探测距离与时间的关系,如图 5-1-7 所示。

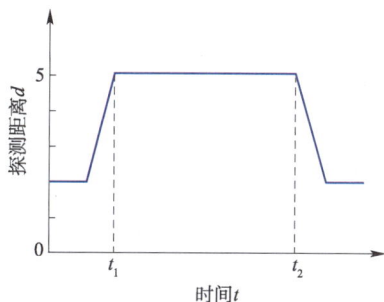

图 5-1-7　探测距离与时间关系

将 t_1 时刻到 t_2 时刻的车速使用一定的公式计算即可得到库位的近似长度。当检测的库位长度大于汽车泊入所需的最短长度，与旁边车辆的横向距离保持在 0.5～1.5m 之间则认为当前空间有车位，选择好车位就可以泊车。

将车挂入倒挡后，倒车影像屏幕会自动显示出车辆所在的位置和周围环境，此时驾驶人在触摸屏式导航仪上，通过移动光标来设定泊车的目标位置，同时启动智能泊车系统。系统一旦启动会自行旋转转向盘规划倒车路径，然后缓慢倒车，最后将车辆停在泊车位置附近。驾驶人可以在注意周围有无障碍物的同时，通过控制加速或制动调整泊车过程，如图 5-1-8 所示。

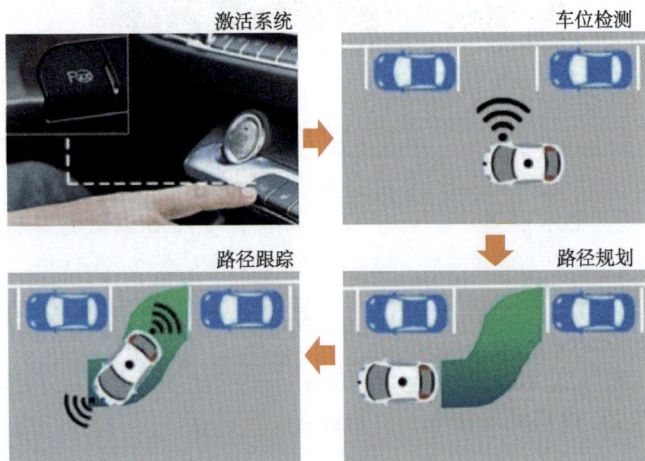

图 5-1-8　自动泊车过程

目前，自动泊车系统还存在一些局限，随着技术不断改进，将对泊车起始点的要求减弱，车位检测速度和精度得到提高，泊车过程运行将更加平稳快捷。

3. 辅助制动

辅助制动常配合自动车距控制系统使用。利用超声波传感器提供前方车辆或障碍物的距离信息并发出碰撞警告，通过车辆的自动控制系统使汽车自动减速或完全停止，避免发生交通事故。

九、我国超声波雷达的发展现状

超声波雷达行业近年来在我国呈现出高速发展的态势，2017—2022 年，其市场规模从 116.07 亿元增长到 163.08 亿元，年复合增长率达到 7.04%。随着自动驾驶技术的发展以及智能制造的推动，超声波雷达行业预计将在未来几年继续保持增长，预计到 2027 年市场规模将达到 332.02 亿元，如图 5-1-9 所示。自动泊车作为自动驾驶产业的首个商业化场景，对超声波雷达的需求量大幅上升。自动泊车技术不仅解决了城市中普遍存在的停车难题，还依托中国在 5G 和 V2X（车联万物）技术上的优势，获得了广泛的市场认可。自动泊车与智慧停车、共享用车等新兴产业的结合，进一步推动了超声波雷达技术的应用，从而带动了整个行业的快速发展。数据显示，从 2017 年到 2022 年，自动泊车行业的增长率超过了 30%，预计到 2025 年其市场规模将突破 400 亿元。

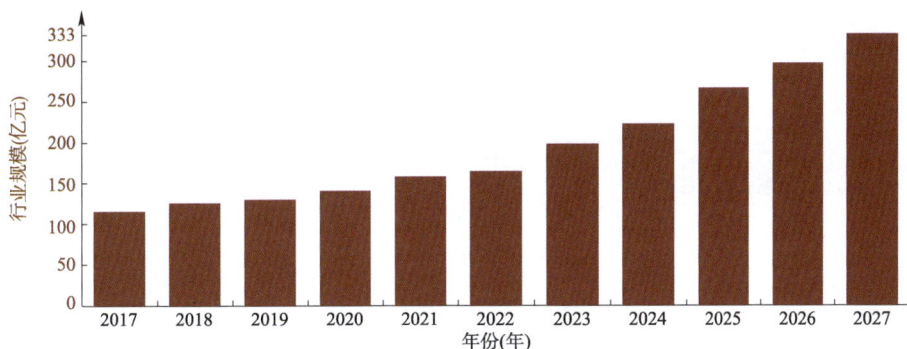

图 5-1-9　超声波雷达行业规模

　　国家政策的支持也是推动超声波雷达行业发展的重要因素。近年来,中国政府大力支持"智能 + "产业的发展,智能制造产业的整体产值也在稳步上升。2022 年,中国智能制造行业的产值约为 3.3 万亿元,预计到 2025 年将达到 5 万亿元,年均增长率为 15%。超声波雷达作为智能制造产业的重要组成部分,借助政策支持,正在迎来发展的黄金期。

　　展望未来,超声波雷达行业的市场规模将继续扩大。超声波雷达与视觉融合的传感器方案被视为未来的主流技术路线,这种融合方案不仅能够弥补超声波雷达的视觉盲区,还能通过降低综合成本,提高市场竞争力。随着技术的不断进步,这种融合方案将进一步拓宽超声波雷达的应用场景,成为行业发展的重要推动力。同时,随着汽车行业的复苏,尤其是自动泊车在智能驾驶领域的持续推广应用,超声波雷达的装车需求将进一步增加,推动行业市场规模持续扩大。

> **想一想:**
> 查询更多的资料,与同学分享我国超声波雷达发展的最新趋势。

任务实施

一、任务准备

准备超声波雷达测量所需的用品和工具设备,见表 5-1-1。

工作准备　　　　　　　　　　　　　　　　　　　　　　　　　　　表 5-1-1

类别	所需物料
车辆防护用品	通用防护用品:车内防护用品、翼子板布;高压防护用品(新能源车辆):绝缘垫、隔离带、高压警示牌、绝缘手套、绝缘鞋、护目镜
测试仪器、设备	万用表、拆装工具套装、实训车辆、计算机、热熔胶、热风枪

二、实操演练

任务1　超声波雷达的外观及安装状态检测

1. 超声波雷达的硬件检查

对超声波雷达外观及安装状态进行初步检查,检查内容见表 5-1-2。

超声波雷达外观及安装状态检查   表 5-1-2

序号	检查项目	检查内容	是否正常	维修建议
1	超声波雷达外观	雷达探头是否脏污	是☐ 否☐	更换传感器
		雷达探头外壳是否破损	是☐ 否☐	
		是否有进水痕迹	是☐ 否☐	
		是否有敲击痕迹	是☐ 否☐	
2	超声波雷达安装位置	安装位置是否正确	是☐ 否☐	重新安装调整
		安装是否紧固	是☐ 否☐	
		基座是否变形	是☐ 否☐	
3	超声波雷达线束接口	接口是否存在虚接、破损、进水以及异物等情况	是☐ 否☐	更换或修复
4	超声波雷达线束	线束是否存在破损、折断、烧蚀等情况	是☐ 否☐	更换或修复

2. 拆画电路图

查阅相关维修手册,在下框中画出超声波雷达的相关电路图。

3. 测量超声波雷达线路

以实训车辆为例,测量车辆超声波雷达数据,并将检测结果及维修建议填入表 5-1-3 中。

超声波雷达线路测量   表 5-1-3

序号	检测项目	检测内容	检测工具	检测结果	标准值	是否正常	维修建议
1	供电线路	电压	万用表		12V	是☐ 否☐	
2	搭铁线路	电阻	万用表		<1Ω	是☐ 否☐	
3	信号线	电压	万用表		1.5V	是☐ 否☐	

4. 维修结果检验

根据表 5-1-3 测量结果对故障部位进行维修,维修后重新对该功能进行检验,并将检验结果记录在表5-1-4中。

维修结果检验　　　　　　　　　　　表5-1-4

检查项目	检查结果	操作要点
超声波雷达线路是否恢复正常	是☐　否☐	
超声波雷达线路电压是否恢复正常	是☐　否☐	
故障部件是否正常工作	是☐　否☐	
系统功能是否恢复正常	是☐　否☐	
维修工具是否整理归位	是☐　否☐	
维修工位是否打扫干净	是☐　否☐	
工作页是否填写完整	是☐　否☐	

> **想一想：**
> 超声波雷达故障，会影响车辆的哪些功能呢？

任务2　超声波雷达的拆卸与安装

查阅相关资料或观察实验车辆，找出实验车辆超声波雷达安装位置。找到位置后，在图5-1-10中圈出对应安装位置。

图5-1-10　超声波雷达安装位置

1.拆卸超声波雷达

本任务需对车辆超声波雷达进行拆卸。参照维修手册，按照标准步骤完成超声波雷达的拆卸，并在表5-1-5中总结出操作要点。

超声波雷达拆卸　　　　　　　　　　表5-1-5

序号	操作内容	注意事项	操作要点
1	铺设车辆防护用品	按需铺设，电动车辆应铺设绝缘防护	
2	拆卸车辆相关附件	按标准流程进行拆卸	
3	使用热风枪对准热熔胶部位加热	不要长时间对一个地方进行加热，防止热熔胶烧焦，应该旋转枪口均匀加热	
4	待热熔胶融化后，取下超声波雷达	热熔胶摘下后容易有残留和拉丝，清理干净	

2. 安装超声波雷达

本任务需对车辆超声波雷达进行安装。

超声波雷达一般由多个雷达探头组成,多个雷达探头按顺序接入超声波雷达模块,由模块对各个探头进行控制。雷达探头将模块提供的电信号转为声信号发出,再将环境中的声信号转变为电信号反馈给模块,模块将反馈回的电信号处理后,通过 USB 线束传递至上位模块。超声波雷达接线图如图 5-1-11 所示。

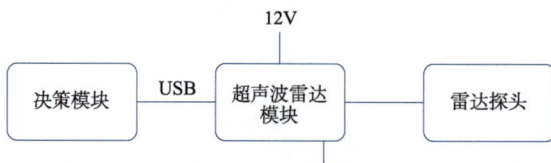

图 5-1-11　超声波雷达接线图

参照维修手册,按照标准步骤完成超声波雷达的安装,并在表 5-1-6 中总结出操作要点。

超声波雷达安装　　　　表 5-1-6

序号	操作内容	注意事项	操作要点
1	使用热熔胶在目标位置挤出胶水并固定	胶水不要太多,避免粘到周边位置	
2	将超声波雷达按照方向安装在目标位置	超声波雷达背后有向上的箭头,安装时箭头应该朝正上方安装	
3	按压超声波雷达直至热熔胶冷却,超声波雷达另外一端接工控机 USB 接口	—	
4	安装车辆相关附件	按标准流程进行安装	
5	整理及恢复	撤去相应防护设备	

任务 3　超声波雷达测试

超声波雷达安装完成后,需要对其是否能正常使用进行测试。

通过计算机检测程序,对已经安装调试的超声波雷达进行功能验证,确认超声波雷达已经正确安装并可以正常使用。参照维修手册,按照标准步骤完成超声波雷达的功能验证。功能验证见表 5-1-7。

超声波雷达的功能验证　　　　表 5-1-7

步骤	操作内容	使用工具	操作要点	注意事项

任务评价

完成表 5-1-8 所示学习情境评价表。

超声波雷达原理与装调学习情境评价表　　　　　　　表 5-1-8

基本信息	姓名		学号		班级		组别	
	角色		任务			目标		
	规定时间		完成时间		考核日期		总评成绩	

考核内容	序号	实训步骤	评分标准	分值（分）	自评（分）	互评（分）	师评（分）	综合评分（分）
	1	准备工作	实训前期检查是否全面、到位	10				
	2	检查并穿戴防护用具，检查工具	检查是否全面规范穿戴护具，工具是否规范	10				
	3	超声波雷达的故障检测	操作是否规范，步骤是否正确	15				
	4	超声波雷达的拆卸与安装	操作是否规范，步骤是否正确	15				
	5	超声波雷达测试	操作是否规范，步骤是否正确	15				
	6	7S 管理	整理、整顿、清扫、清洁、素养、安全、节约	10				
	7	团队协作	成员是否配合默契	10				
	8	沟通表达	是否能沟通交流，是否正确表达意思	10				
	9	工单填写	填写是否正确规范	5				

教师评语	

任务总结

```
                    ┌─ 什么是超声波雷达 ── 利用超声波特性制成的雷达
                    │
                    ├─ 超声波雷达有哪些特点 ── 超声波传播速度慢，但不依赖光照，抗干扰能力强，
            超声波雷达的                        结构简单，成本低
            原理        ├─ 超声波雷达的参数 ── 测量范围、测量精度、波束角、工作频率以及抗干扰特性
                    │
                    └─ 超声波雷达的应用 ── UPA和APA两类，适用于不同场景

                    ┌─ 超声波雷达的工作原理 ── 利用声波反射计算相对距离
超声波雷达            │
原理与装调            ├─ 超声波雷达的内部结构 ── 超声波雷达的结构原理
            超声波雷达的 ├─ 超声波雷达的测距 ── 通过接收到反射波的时间与声速计算
            检测        │
                    ├─ 超声波雷达的连接方式 ── 超声波雷达的控制逻辑及接线方式
                    │
                    └─ 超声波雷达的测量方式 ── 测量超声波雷达的相关线束

            超声波雷达的 ┌─ 超声波雷达如何更换 ── 超声波雷达的拆装步骤
            装调        └─ 超声波雷达测试流程
```

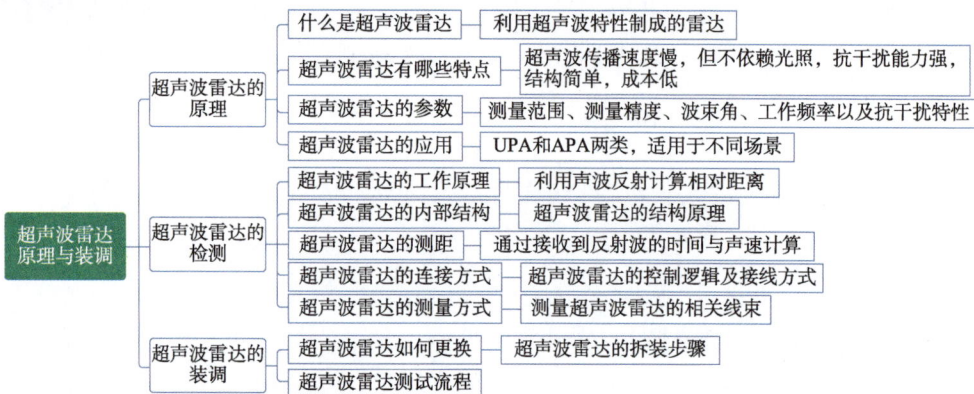

请写出完成本次任务的反思。

_____

_____

课后练习

一、单项选择题

1. 超声波传感器能够发送和接收(　　　)的超声波。

A. 20Hz　　　　　　B. 20kHz　　　　　　C. 40Hz　　　　　　D. 40kHz

2. 超声波的传播速度仅为光波的百万分之一,因此(　　　)。

A. 能量消耗慢　　B. 指向性强　　　C. 抗干扰性强　　　D. 体积小

3. 超声波因为频率较高,波长较短,不容易发生衍射,因此(　　　)。

A. 能量消耗慢　　B. 指向性强　　　C. 抗干扰性强　　　D. 体积小

4. (　　　)不是控制单元的作用。

A. 记录超声波往返时间　　　　　　　B. 计算距离

C. 判断接收信号的大小　　　　　　　D. 接收超声波

5. 超声波测距方法中,(　　　)测量精度较高,但成本较高。

A. 相位检测法　　　　　　　　　　B. 脉冲回波检测法

C. 幅值检测　　　　　　　　　　　D. 往返时间检测法

6. (　　　)不是影响超声波传感器测量精度的因素。

A. 物体颜色　　B. 物体体积　　　C. 表面形状　　　D. 表面材料

7. (　　　)直接影响超声波的扩散和吸收损失、障碍物反射损失、背景噪声,并直接决定传感器的尺寸。

A. 测量范围　　　B. 测量精度　　　C. 工作频率　　　D. 波束角

二、填空题

1. 超声波是指频率高于人类听觉上限频率_____的机械波。

2. 超声波传感器是在超声频率范围内将交变的_____转换为_____或者将外界声

场中的_____转换为_____的能量转换器件。

3. 超声波驻车辅助传感器(UPA)的探测距离是_____;自动泊车辅助传感器(APA)的探测距离是_____。

4. 超声波散射角_____,与障碍物距离较远时,回波信号_____,方向性_____,因此无法精确描述_____障碍物位置。

5. _____仅通过回波幅值判断距离,易受反射波的影响。

三、判断题

1. 超声波驻车辅助传感器(UPA)安装在前后保险杠上。　　　　　　　　　(　　)

2. 自动泊车辅助传感器(APA)安装在车辆侧面。　　　　　　　　　　　(　　)

3. UPA 探测范围比 APA 更远,因此成本更高,功率更大。　　　　　　　(　　)

4. 超声波对色彩、光照度不敏感,可用于识别透明、半透明及漫反射差的物体。(　　)

5. 超声波传感器指向性强,故适合测量距离较远的目标。　　　　　　　(　　)

6. 发射器和接收器中的双晶振子以相反极化方向粘在圆形金属振动板的正、反面。(　　)

7. 相位检测法较简单,较多使用于非高精度的测距场景。　　　　　　　(　　)

8. 波束角是指以传感器中轴线的延长线为轴线,到一侧能量强度减小一半处的角度。(　　)

9. 超声波传感器的波长越长,频率越大,检测距离越大。　　　　　　　(　　)

10. 自动泊车需要经历识别库位和倒车入库两个阶段。　　　　　　　　(　　)

11. 超声波雷达控制器接插件端头分别是数据线、电源线和 CAN 线。　　(　　)

12. CAN 总线分析仪通道拨码开关全部向下调节时,电阻值应为 120Ω。　(　　)

13. 超声波雷达整车联调时,若有 ID 为 301、302、303、304 的报文显示,则说明超声波雷达 CAN 通信正常。　　　　　　　　　　　　　　　　　　　(　　)

14. 使用超声波雷达录制地图时,需启动"GPS、Localization、Camera、CAN Bus、Guardian"模块。　　　　　　　　　　　　　　　　　　　　　　　(　　)

学习任务二　毫米波雷达原理与装调

🌐 任务导入

你是宇通智能网联汽车的售后维修技师,客户车辆的前向毫米波雷达出现了问题,需要对毫米波雷达进行维修检测。请你在遵守车辆检测安全规则的情况下,制订合理的方案,完成毫米波雷达的检测,如果必要的话,还需要进行旧件拆卸和新件安装。希望你通过这次实践,不仅学会如何操作,更能体会到作为一名技师的责任和乐趣。准备好了吗?让我们开始吧!

🛰 任务资讯

一、毫米波雷达的结构

毫米波雷达主要由天线、射频组件、信号处理模块以及控制电路等构成。其中天线和射频组件是最核心的硬件部分,如图 5-2-1 所示。

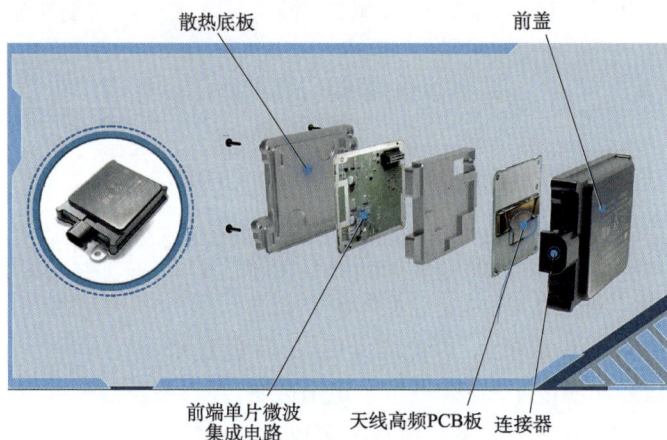

图 5-2-1　毫米波雷达的结构

车载毫米波雷达的结构

二、毫米波雷达的工作原理

毫米波雷达是工作在毫米波频段的雷达。毫米波是一种波长在 1～10mm 之内的电磁波,用来精准测量车辆与车辆之间的距离、角度和相对速度。毫米波雷达频率范围为 30～300GHz,高于射频,低于可见光和红外线。毫米波雷达体积小、质量轻和空间分辨率高,能够全天候、全天时工作,能同时识别多个小目标,可以穿透雾、烟、灰尘,广泛应用于自动驾驶汽车车间距离探测,但易受干扰。

车载毫米波雷达通过天线向外发射毫米波,再接收目标反射信号,根据接收的时间差测得目标的位置数据和相对距离。经处理后快速准确地获取汽车车身周围的物理环境信息(如汽车与其他物体之间的相对距离、相对速度、角度、运动方向等),然后根据所探知的物体信息进行目标追踪和识别分类,进而结合车身动态信息进行数据融合,最终通过中央处理单元(ECU)进行智能处理。经合理决策后,以声、光及触觉等多种方式告知或警告驾驶人或及时对汽车做出主动干预,从而保证驾驶过程的安全性和舒适性,减少事故发生概率。毫米波雷达系统工作原理如图 5-2-2 所示。

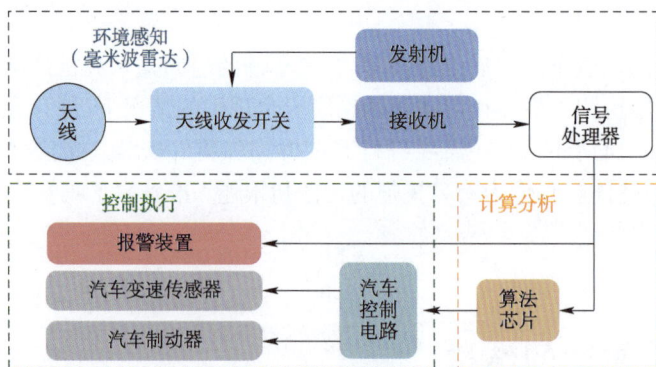

图 5-2-2　毫米波雷达系统工作原理

毫米波雷达应用案例

三、毫米波雷达的特点

1. 毫米波雷达优点

（1）探测距离远。毫米波雷达探测距离远，最远可达 250m。

（2）探测性能优异。毫米波波长较短，并且汽车在行驶中的前方目标一般都是金属构成，这会形成很强的电磁反射，而毫米波探测不受颜色与温度的影响。

（3）快速的响应速度。毫米波的传播速度与光速一样，并且其调制简单，配合高速信号处理系统，可以快速地测量出目标的角度、距离、速度等信息。

（4）对环境适应性强。毫米波具有很强的穿透能力，在雨、雪、大雾等恶劣天气依然可以正常工作。由于其天线属于微波天线，相比于光波天线，它在大雨及轻微上霜的情况下依然可以正常工作。

（5）抗干扰能力强。毫米波雷达一般工作在高频段，而周围的噪声和干扰处于中低频区，基本上不会影响毫米波雷达的正常运行。因此，毫米波雷达具有抗低频干扰特性。

2. 毫米波雷达缺点

（1）毫米波在空气中传播时会受到空气中氧分子和水蒸气的影响，这些气体的谐振会对毫米波频率产生选择性吸收和散射，大气传播衰减严重。因此，实际应用中，应找到毫米波在大气中传播时，由气体分子谐振吸收所致衰减为极小值的频率。

（2）毫米波雷达覆盖区域呈扇形，有盲点区域，无法识别道路标线、交通标志和交通信号灯。

> **想一想：**
> 毫米波雷达具有哪些特点和优势？

四、毫米波雷达测距、测速原理

1. 车载毫米波雷达测距原理

毫米波雷达通过发射天线发出毫米波段的有指向性的电磁波，当电磁波遇到障碍目标后反射回来，通过雷达接收天线接收反射回来的电磁波，根据收发的时间差 Δt 测得目标的位置数据和相对距离。

根据电磁波的传播速度，可以确定目标的距离公式为：

$$S = (\Delta t \times C)/2 \qquad (5\text{-}2\text{-}1)$$

式中：S——相对距离，m；

Δt——电磁波从雷达发射出去到接收到目标回波的时间间隔，s；

C——电磁波传播速度（在真空中传播时等于光速），m/s。

毫米波雷达测距原理如图 5-2-3 所示。

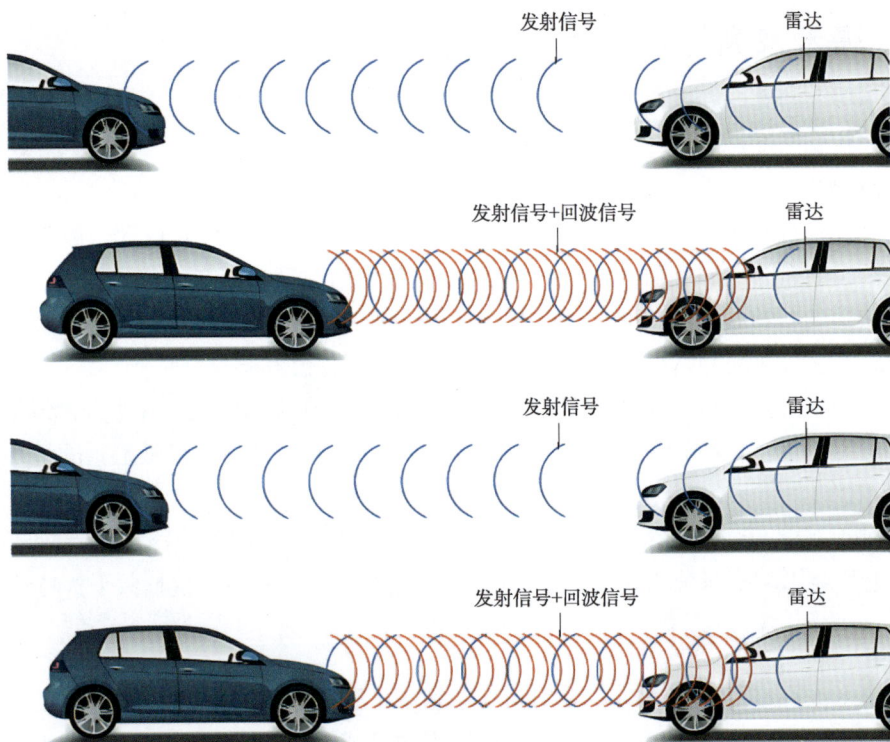

图 5-2-3　毫米波雷达测距原理

2. 车载毫米波雷达测速原理

根据多普勒效应,当发射的电磁波和被探测目标有相对移动,回波的频率会和发射波的频率不同。当目标向雷达天线靠近时,反射信号频率将高于发射信号频率;反之,当目标远离天线而去时,反射信号频率将低于发射信号频率。

由多普勒效应所形成的频率变化叫作多普勒频移,它与相对速度 v 成正比,与振动的频率 f 成反比。通过检测这个频率差,可以测得目标相对于雷达的移动速度,也就是目标与毫米波雷达的相对速度。多普勒测速原理如图 5-2-4 所示。

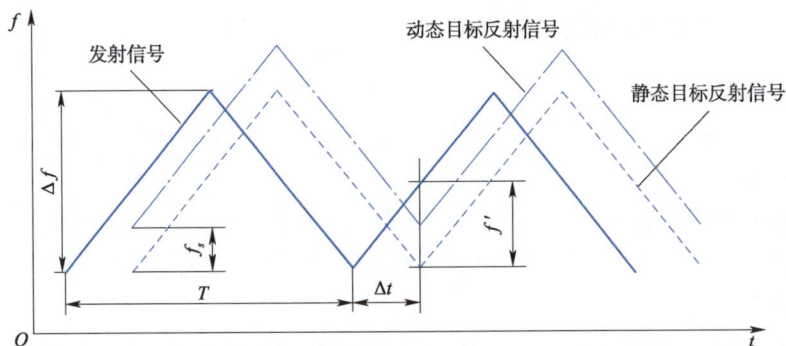

图 5-2-4　多普勒测速原理图

在调频连续波(FMCW)雷达的三角波上升沿和下降沿分别可得到一个差额。

上差额：

$$f_+ = \Delta f - f_d \tag{5-2-2}$$

下差额：

$$f_- = \Delta f + f_d \tag{5-2-3}$$

式中：Δf——相对静止目标的中频频率，Hz；

f_d——相对运动目标的多普勒频移，Hz。

根据多普勒效应得：

$$f_d = 2f_0 v / C \tag{5-2-4}$$

式中：f_0——发射波的中心频率，Hz；

C——电磁波的传播速度，m/s；

v——目标和雷达的径向相对速度，m/s。

解得：

$$v = f_d \times \frac{C}{2 \times f_0} \tag{5-2-5}$$

3. 车载毫米波雷达测角（方位角）原理

毫米波雷达测量障碍物的角度是通过处理多个接收天线收到的信号时延来实现的。

毫米波雷达的发射天线发射出毫米波后，遇到被监测物体，反射回来，通过毫米波雷达并列的接收天线收到同一监测目标反射回来的毫米波相位差，计算出被监测目标的方位角。毫米波雷达测角原理如图 5-2-5 所示。

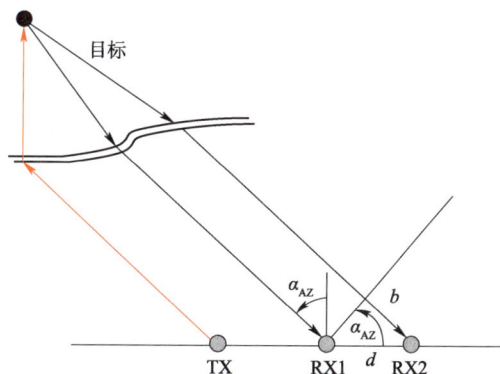

图 5-2-5　毫米波雷达测角示意图

方位角 α_{AZ} 是通过毫米波雷达接收天线 RX1 和接收天线 RX2 之间的几何距离 d，以及两根毫米波雷达天线所收到反射回波的相位差 b，然后通过三角函数计算得到的，这样就可以知道被监测目标的方位角。

$$\sin \alpha_{AZ} = \frac{b}{d} \tag{5-2-6}$$

式中：α_{AZ}——方位角，rad；

d——距离，m；

b——相位差，rad。

五、毫米波雷达的分类

毫米波雷达可以按照工作原理、探测距离和频段进行分类。

1. 按工作原理分类

根据辐射电磁波方式的不同,毫米波雷达一般分为脉冲波式(脉冲多普勒雷达)和调频连续波式(FMCW)两种。

(1)脉冲式毫米波雷达,通过发射脉冲信号与接收脉冲信号之间的时间差来计算目标距离,测量原理简单,测量精度较高。但在测量近距离目标时,脉冲收发时间极短(一般都是微秒的数量级),需要在短时间内发射大功率脉冲信号,通过脉冲信号控制雷达的压控振荡器从低频瞬时跳变到高频;同时,在对回波信号进行放大处理之前,需将其与发射信号进行严格的隔离。这种雷达在硬件结构上比较复杂,成本高,因此在汽车领域较少采用。

(2)调频连续波式毫米波雷达,利用多普勒效应测量得出不同目标的距离和速度,结构简单、体积小,最大优势是可以同时得到目标的相对距离和相对速度。因此,目前大多数车载毫米波雷达均采用调频连续波雷达。两种体制毫米波雷达电磁波辐射能量简图如图 5-2-6、图 5-2-7 所示。

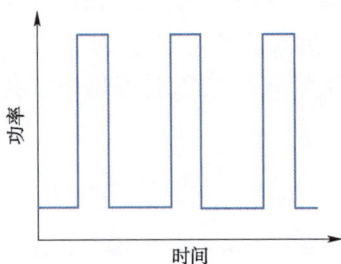

图 5-2-6　脉冲体制雷达　　　　图 5-2-7　调频连续波体制雷达

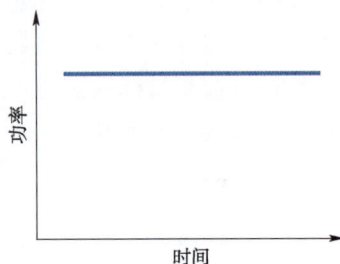

2. 按探测距离分类

毫米波雷达按探测距离可分为短程毫米波雷达(SRR)、中程毫米波雷达和远程毫米波雷达,相关技术指标见表 5-2-1。

短程、中程和远程毫米波雷达的技术指标　　　　　　　　　　表 5-2-1

参数	毫米波雷达分类		
	短程毫米波雷达	中程毫米波雷达	远程毫米波雷达
频带(GHz)	24	76 ~ 77	77 ~ 81
带宽(GHz)	4	0.6	0.6
测距范围(m)	0.15 ~ 60	1 ~ 100	10 ~ 250
最大视角(°)	±80	±40	±15
测距精度(m)	±0.02	±0.1	±0.1
方位精度(°)	±1	±0.1	0.1
测速精度(m/s)	0.1	0.1	0.1

3. 按频段分类

毫米波雷达按采用的毫米波频段不同,分为 24GHz、60GHz、77GHz 和 79GHz 毫米波雷达。其中,24GHz 毫米波雷达主要用于短距离(60m 以内)探测;77GHz 毫米波雷达主要用于远距离(150~250m)探测;79GHz 毫米波雷达通常用于中短距离探测。

(1)24GHz 毫米波雷达(2019 年全球市场占有率 54.35%):探测距离 60m,主要应用于盲点监测系统(BSD)、变道辅助系统(LCA)、泊车辅助系统(PA),目前为毫米波雷达中最常见产品。根据美国联邦通信委员会(FCC)和欧洲电信标准化协会(ETSI)规划 24GHz 的宽频段(21.65~26.65GHz)将于 2022 年过期,欧洲和美国都已经宣布将逐步限制和停止 24GHz 频段在汽车雷达中的使用。

(2)77GHz 毫米波雷达(2019 年全球市场占有率 45.52%):探测距离 100~250m,主要应用于自适应巡航系统(ACC)、自动紧急制动系统(AEB)、前向碰撞预警系统(FCW)等。由于相对 24GHz 产品体积更小、识别率更高,77GHz 毫米波雷达正逐步替代 24GHz 方案成为主流产品,其主要指标见表 5-2-2。

77GHz 毫米波雷达的主要指标　　　　　　　　　表 5-2-2

序号	参数	指标
1	频段(GHz)	76~77
2	测距范围(m)	1~250
3	方位角最大覆盖(°)	45
4	俯仰角覆盖(°)	±5
5	速度范围(km/h)	最大 180
6	测距精度(m)	0.3
7	速度精度(m/s)	0.25
8	最大目标数量(个)	超过 32
9	扫描周期(ms)	<50
10	主要应用	由 FCW 逐步到 ACC、AEB

(3)79GHz 毫米波雷达(2019 年全球市场占有率 0.12%):探测距离可达 200m,具有高探测范围和角度精度,主要应用于盲区警告(BSW)、LCA、前方交叉路口警报(FCTA)等。79GHz 毫米波雷达在分辨率、探测距离等方面可与 77GHz 产品比肩,需求有望不断攀升。

六、毫米波雷达的技术参数

毫米波雷达传感器的主要参数有探测距离、距离分辨率、距离精确度、方位角、俯仰角、翻滚角、方位角分辨率、方位角精确度、测速范围、速度分辨率、速度精确度。

毫米波雷达
技术参数

1. 探测距离

探测距离指毫米波雷达能够探测的距离,需兼顾到远距离长度与近距离角度(十字交叉运动目标)。

2. 距离分辨率

在雷达图像中,当两个目标位于同一方位角,但与雷达的距离不同时,二者被雷达区分出来的最小距离就是距离分辨率。

3. 距离精确度

距离精确度用于描述雷达对单个目标距离参数估计的准确度。

4. 方位角

毫米波雷达的方位角是指雷达的水平视场角,即雷达波束在水平方向上最大探测角与X-2 坐标平面之间的夹角。雷达传感器标定角度的命名约定如图 5-2-8 所示。

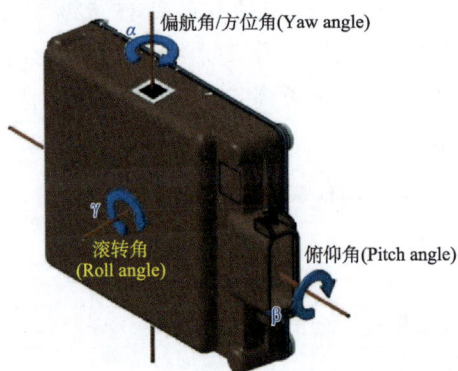

图 5-2-8　雷达传感器标定角度命名约定

5. 俯仰角

毫米波雷达的俯仰角是指雷达的垂直视场角,即雷达波束在垂直方向上最大探测角与水平面之间的夹角。

6. 翻滚角

物体绕前后轴线转动的角度为翻滚角。

7. 方位角分辨率

方位角分辨率指雷达区分相邻目标的能力,通常以最小可分辨的角度来度量。例如,方位角分辨率为 1.6° 的意思就是,当两个物体在空间上需要至少相距 1.6° 时,才能被雷达在水平角度上区分开来。若两个物体相距小于 1.6°,那么在角度方向上,两物体会重合在一起,雷达无法区分。

8. 方位角精确度

方位角精确度指雷达对单个目标方位角估计的准确度。

9. 测速范围

测速范围指在规定的速度范围内,毫米波雷达能够有效测量与目标物之间的相对速度。

10. 速度分辨率

毫米波雷达的速度分辨率是指在速度上区分相邻目标的能力,通常以最小可分辨的速度来度量。

11. 速度精确度

毫米波雷达对单点目标的测速准确能力。

七、毫米波雷达发展趋势

2022 年国际消费电子产品展览会展(CES)上,恩智浦公司与国内毫米波雷达合作伙伴为升科(CubTEK)携手首发了 4D 成像雷达,能够提供类似图像的感知能力和小于 0.1°的角度分辨率,实现增强 4D 感知功能。相比于传统毫米波雷达,4D 成像雷达通过高分辨率点云来感知汽车周围环境,从而增强环境测绘和场景感知能力。在复杂的城市场景下可通过这些图像对各种目标进行分类,包括弱势道路使用者和各种道路车辆。

在前装市场,4D 成像雷达刚刚进入量产起步期,包括大陆集团、采埃孚、华为等第一批量产定点及交付正在进行中。按照测算,4D 成像雷达可以很快(1～2 年内)达到目前传统雷达的成本,此外,考虑到软硬件解耦趋势,4D 成像雷达在提供丰富点云数据的基础上,还可实现空中下载技术(OTA)更新,增加更多的功能应用。

八、我国毫米波雷达的发展现状

在全球毫米波雷达市场上,占主导地位的是德国、美国、日本等国家,主要厂商包括博世、大陆、海拉、德尔福、富士通天、电装等。据 OFweek 统计,毫米波雷达市场出货量前三的企业为博世、大陆和海拉,市场占有率分别为 19%,16%,12%,行业市场份额之和为 45%,排名前五的企业市场份额之和为 68%。

相比于国外企业,中国车载毫米波雷达行业起步较晚,多数企业集中成立于 2014 年左右,行业仍处于初级发展阶段。走在国内毫米波雷达发展前列的公司主要包括德赛西威、华域汽车与森思泰克等。

1. 华域汽车

华域汽车电子分公司 24GHz 后向毫米波雷达实现了对上汽乘用车、上汽大通等客户的稳定供货。华域汽车电子分公司 77GHz 前向毫米波雷达顺利实现对乘用车的配套量产,基于前向雷达和前视摄像头(1R1V)融合方案已完成长距离道路测试。该企业介绍,公司毫米波雷达产品已实现对上汽乘用车、上汽大通、上汽通用五菱、金龙客车等客户的供货。

2. 德赛西威

德赛西威近年来自动驾驶业务发展较快。2017 年,公司在新加坡成立自动驾驶团队,并在自动驾驶感知领域投入较多的资源,涉及的技术领域包括前碰撞预警、自动紧急制动、盲区监测等,公司在研项目中即包括毫米波雷达技术。

3. 森思泰克

森思泰克是一家以毫米波雷达和激光雷达技术为平台,专业从事智能传感器应用产品研究、生产与销售的高科技型企业。森思泰克的77GHz毫米波雷达成为国内首个真正实现"上路"的高级驾驶辅助系统(ADAS)毫米波雷达传感器。据报道,森思泰克已成为红旗、一汽、韩国现代、东风日产、长城、长安等国内外车企体系内供应商。

整体来看,虽然目前国内暂未出台专门针对毫米波雷达在智能网联汽车领域的发展政策,但是智能汽车政策层面已经将毫米波雷达技术作为支撑智能网联汽车行业发展的关键战略技术之一,从政策发展指向来看,未来我国毫米波雷达具有较大的发展空间。

> **想一想:**
> 查询更多的资料,与同学分享我国毫米波雷达企业的成长历史,并谈谈你的感想。

🏵 任务实施

一、任务准备

准备毫米波雷达测量所需的用品和工具设备,见表5-2-3。

工作准备   表5-2-3

类别	所需物料
车辆防护用品	绝缘垫(编号)、隔离带、高压警示牌、绝缘手套、绝缘鞋、护目镜、车内防护用品、翼子板布
测试仪器、设备	万用表、拆装工具套装、撬板、扭力扳手、实训车辆、计算机

二、实操演练

任务1 毫米波雷达的外观及安装状态检测

1. 完成毫米波雷达的硬件检查

对毫米波雷达的外观及安装状态进行初步检查,检查内容见表5-2-4。

毫米波雷达外观及安装状态检查   表5-2-4

序号	检查项目	检查内容	是否正常	维修意见
1	毫米波雷达外观	外壳是否破损	是□ 否□	更换传感器
		是否有进水痕迹	是□ 否□	
		是否有敲击痕迹	是□ 否□	
2	毫米波雷达安装位置	安装位置是否正确	是□ 否□	重新安装调整
		安装是否紧固	是□ 否□	
		固定底座是否变形	是□ 否□	

序号	检查项目	检查内容	是否正常	维修意见
3	毫米波雷达线束接口	接口是否存在虚接、破损、进水以及异物等情况	是□　否□	更换或修复
4	毫米波雷达线束	线束是否存在破损、折断、烧蚀等情况	是□　否□	更换或修复

2. 拆画电路图

查阅相关维修手册,在下框中拆出毫米波雷达的相关电路图。

3. 测量毫米波雷达线路

以实训车辆为例,测量车辆毫米波雷达数据,并将检测结果及维修建议填入表5-2-5中。

毫米波雷达线路测量　　　　　　　　　　　　　　表5-2-5

序号	检测项目	检测内容	检测工具	检测结果	标准值	是否正常	维修建议
1	供电线路	电压	万用表		12V	是□　否□	
2	搭铁线路	电阻	万用表		<1Ω	是□　否□	
3	CAN_H 信号	电压	万用表		2.7V	是□　否□	
4	CAN_L 信号	电压	万用表		2.3V	是□　否□	

4. 维修结果检验

根据表5-2-5测量结果对故障部位进行维修,维修后重新对该功能进行检验,并将检验结果记录在表5-2-6中。

维修结果检验　　　　　　　　　　　　　　表5-2-6

检查项目	检查结果	操作要点
毫米波雷达线路是否恢复正常	是□　否□	
毫米波雷达线路电压是否恢复正常	是□　否□	
故障部件是否正常工作	是□　否□	

检查项目	检查结果	操作要点
系统功能是否恢复正常	是□ 否□	
维修工具是否整理归位	是□ 否□	
维修工位是否打扫干净	是□ 否□	
工作页是否填写完整	是□ 否□	

想一想：

毫米波雷达故障，会影响车辆的哪些功能呢？

任务2 毫米波雷达的拆卸与安装

查阅相关资料或观察实验车辆，找出实验车辆毫米波雷达安装位置。找到位置后，在图5-2-9中圈出对应安装位置。

图5-2-9 毫米波雷达安装位置

1. 拆卸毫米波雷达

本任务需对车辆毫米波雷达进行拆卸。参照维修手册，按照标准步骤完成毫米波雷达的拆卸，并在表5-2-7中总结出操作要点。

毫米波雷达拆卸　　　　　　　　　　　　　　　　　　　表5-2-7

序号	操作内容	注意事项	操作要点
1	铺设车辆防护用品	按需铺设，电动车辆应铺设绝缘防护	
2	拆卸车辆相关附件	按标准流程进行拆卸	
3	断开毫米波雷达相关线束	轻拿轻放	
4	拆卸毫米波雷达固定螺栓	拆下螺栓不要丢失	
5	取下毫米波雷达	—	

2. 安装毫米波雷达

本任务需对车辆毫米波雷达进行安装。参照维修手册，按照标准步骤完成毫米波雷达的安装，并在表5-2-8中总结出操作要点。

毫米波雷达安装　　　　　　　　　　　　　　　　　表5-2-8

序号	操作内容	注意事项	操作要点
1	固定毫米波雷达至安装位置	传感器安装在车前方中心处,当面向车辆正前方时,传感器的正面朝向人,连接口朝向人的右手边	
2	按标准力矩安装固定螺栓	—	
3	毫米波雷达线束连接:将传感器 CAN 通信接口与车辆的 CAN1 口连接	传感器接口及定义:其中,端口 1 接 12V 直流电源;端口 8 接 GND;端口 4 接 CAN_L;端口 7 接 CAN_H	
4	毫米波雷达线束连接:电源接口接入 12V 直流电源	车辆上提供 12V 电源接线盒	
5	毫米波雷达线束连接:毫米波雷达 CAN 接口与工控机的 CAN1 接口连接		
6	安装车辆相关附件	按标准流程进行安装	
7	整理及恢复	撤去相应防护设备	

任务 3　毫米波雷达测试

毫米波雷达在标定时对雷达本身的安装精度有较高的要求,需在安装时进行校准。先将毫米波雷达固定在专用安装支架上,利用角度尺、重锤等工具对其安装角度进行测量,再通过调整安装支架,确保其水平角度、横摆角度和俯仰角度均小于 0.5°,安装校准即为成功测试。流程如图 5-2-10 所示。

图 5-2-10　毫米波雷达测试流程

毫米波雷达参数标定原理是通过平移、旋转坐标系的方法,将毫米波雷达探测得到的物体坐标映射到车身坐标中,获得障碍物相对车身的实际位置及速度等信息。

通过计算机程序为已更换毫米波雷达的实验车进行匹配与标定工作,使其可以正常工作。如图 5-2-11 所示。

```
打开终端窗口 → 启动CAN驱动程序 → 启动CAN驱动各个模块
                                                    ↓
查看毫米波雷达数据并保存 ← 读取毫米波雷达数据 ← 输入CAN线波特率参数
```

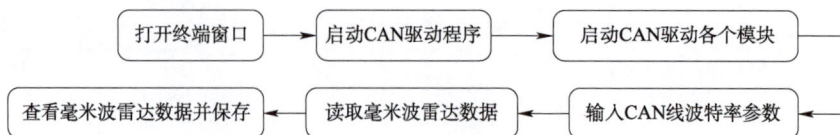

图 5-2-11　毫米波雷达控制逻辑

根据上述知识内容及相关维修手册,按标准步骤完成毫米波雷达的测试,见表5-2-9。

毫米波雷达测试步骤　　　　　　　　　　　　　　　　　表 5-2-9

序号	操作项目	操作内容	操作要点
1	打开终端窗口	快捷键:Ctrl + Alt + T	
2	启动 CAN 驱动程序	输入:sudo modprobe can	
3	启动 CAN 驱动各个模块	依次输入: sudo modprobe can-raw sudo modprobe can-bcm sudo modprobe can-gw sudo modprobe can_dev sudo modprobe mttcan	
4	输入毫米波雷达 CAN 线波特率参数	输入:sudo ip link set can1 type can bitrate 500000	
5	读取毫米波雷达数据	输入:sudo ip link set up can1(打开毫米波雷达CAN1)	
6	查看毫米波雷达数据并保存	输入:candump can1	

🔄 **任务评价**

完成表5-2-10所示学习情境评价表。

毫米波雷达原理与装调学习情境评价表　　　　　　　　　表 5-2-10

基本信息	姓名		学号		班级		组别		
	角色		任务			目标			
	规定时间		完成时间		考核日期		总评成绩		

考核内容	序号	实训步骤	评分标准	分值(分)	自评(分)	互评(分)	师评(分)	综合评分(分)
	1	准备工作	实训前期检查是否全面、到位	10				
	2	检查并穿戴防护用具,检查工具	检查是否全面规范穿戴护具,工具是否规范	10				
	3	毫米波雷达的故障检测	操作是否规范,步骤是否正确	15				
	4	毫米波雷达的拆卸与安装	操作是否规范,步骤是否正确	15				

	序号	实训步骤	评分标准	分值(分)	自评(分)	互评(分)	师评(分)	综合评分(分)
考核内容	5	毫米波雷达测试	操作是否规范,步骤是否正确	15				
	6	7S管理	整理、整顿、清扫、清洁、素养、安全、节约	10				
	7	团队协作	成员是否配合默契	10				
	8	沟通表达	是否能沟通交流,是否正确表达意思	10				
	9	工单填写	填写是否正确规范	5				
教师评语								

任务总结

毫米波雷达原理与装调
- 毫米波雷达的原理
  - 什么是毫米波雷达 —— 利用毫米波计算车身与障碍物间距离传感器
  - 毫米波雷达有哪些特点 —— 毫米波具有波长短,频段宽易实现窄波束,分辨率高不易受干扰等特点
  - 不同频段毫米波的应用 —— 24GHz近距离雷达和77GHz远距离雷达的组合使用
  - 毫米波雷达的连接方式 —— 毫米波雷达的控制逻辑及接线方式
- 毫米波雷达的测量
  - 什么是多普勒效应 —— 波的波长与频率在波源与观测者间产生相对运动时发生变化
  - 毫米波雷达发射波不同的调制 —— 分为脉冲方式和调频连续波方式
  - 毫米波雷达可测量哪些参数 —— 主要测量的参数包括距离,速度以及方位角
  - 毫米波雷达的测量方式 —— 检查毫米波雷达的相关线束
- 毫米波雷达安装与测试
  - 毫米波雷达如何更换 —— 毫米波雷达的拆装步骤
  - 毫米波雷达标定原理 —— 通过平移、旋转坐标系的方法,将毫米波雷达探测得到的物体坐标映射到车身坐标中
  - 毫米波雷达测试流程

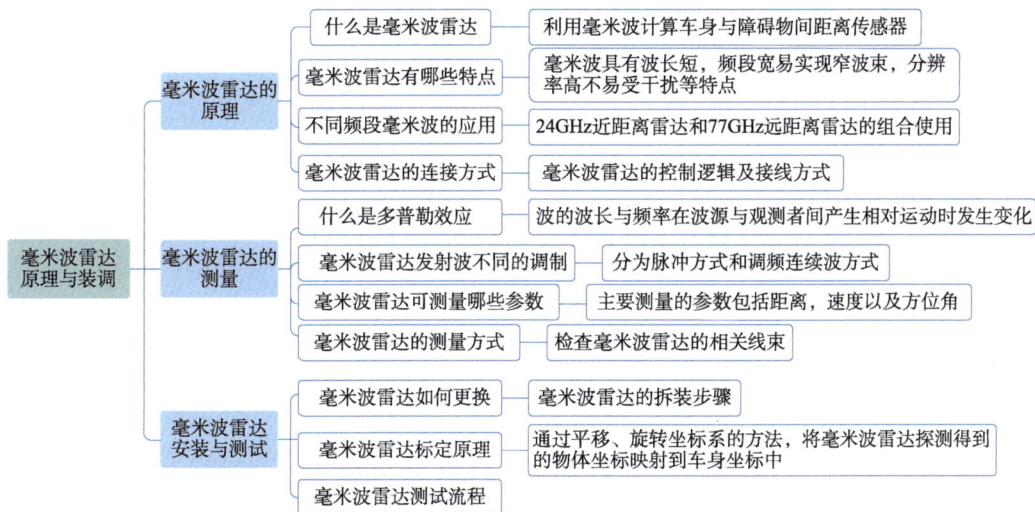

请写出完成本次任务的反思。

_____

_____

🌀 **课后练习**

一、单项选择题

1. 毫米波雷达通过发射毫米波信号,并从目标物接收反射信号,对接收到的信号进行处理,可探测物体之间的(　　)。

    A. 距离和相对速度　　　　　　　　　　B. 方位和相对速度

    C. 距离和方位　　　　　　　　　　　　D. 距离、方位和相对速度

2. 我们通常将波长为 1 ~ 10mm 的电磁波称为毫米波,其对应的频率范围为(　　)。

    A. 3 ~ 300GHz　　　　　　　　　　　　B. 30 ~ 300GHz

    C. 3 ~ 30GHz　　　　　　　　　　　　 D. 300 ~ 3000GHz

3. 以下不属于毫米波雷达特点的是(　　)。

    A. 具有全天候适应性　　　　　　　　　B. 探测距离较长

    C. 具有抗低频干扰特性　　　　　　　　D. 分辨交通标志和红绿灯清晰

4. 探测距离 120m 左右,属于宽带雷达,探测精度达到厘米级的毫米波雷达属于(　　)。

    A. LRR 长距离雷达　　　　　　　　　　B. MRR 中距离雷达

    C. SRR 短距离雷达　　　　　　　　　　D. SRR 中距离雷达

5. 用于描述毫米波雷达对单个目标距离参数估计准确度的主要参数是(　　)。

    A. 距离分辨率　　　　　　　　　　　　B. 探测距离

    C. 距离精确度　　　　　　　　　　　　D. 雷达散射截面积

二、填空题

1. 毫米波雷达,通过发射毫米波信号(波长_____,频率 30 ~ 300GHz),并从目标物接收反射信号,对接收到的信号进行处理,进而探测物体之间的 _____、_____和_____等。

2. 毫米波雷达根据辐射电磁波方式的不同,一般可分为 _____毫米波雷达和_____毫米波雷达两种。

3. LRR 长距离雷达的主要应用范围是:_____。

4. 由公式:光速 = 波长×频率,频率越高的毫米波雷达,其波长越_____,分辨率越_____。

5. 由多普勒效应所形成的频率变化叫作多普勒频移,它与_____成正比,与_____成反比。

三、判断题

1. 毫米波是指波长介于 1 ~ 10mm 之间的电磁波,频带窄、波长短、分辨率高,不易受干扰。

                                                             (　　)

2. 毫米波雷达是工作在毫米波波段探测的雷达,可探测物体间的距离、方位和相对速度等。

                                                             (　　)

3. 目前大多数车载毫米波雷达均采用脉冲式毫米波雷达。　　　　　　　　　(　　)

4. 长距雷达(LRR)属于宽带雷达,探测幅度较宽。　　　　　　　　　　　　(　　)

5. 目前,在自动驾驶汽车上的主流应用频段为 24GHz 和 77GHz 两种。　　　(　　)

学习任务三　激光雷达原理与装调

🌀 任务导入

你是宇通智能网联汽车的售后维修技师,车辆的车载激光雷达出了故障,需要你进行检修、检测和更换。请你在遵守车辆检测安全规则的情况下,制订合理的方案,完成激光雷达的检测,如果必要的话,还需要进行旧件拆卸和新件安装。希望你通过这次实践,不仅学会如何操作,更能体会到作为一名技师的责任和乐趣。准备好了吗？让我们开始吧！

🌀 任务资讯

激光雷达(LiDAR),是通过激光测距技术探测环境信息的主动传感器的统称。激光雷达可以精确获得环境目标的三维位置信息,确定物体的位置、大小、外部形貌甚至材质。它首先向目标发射一束激光,然后根据接收反射激光的时间间隔确定目标物体的实际距离。同时结合这束激光发射角度,利用三角函数原理推导出目标位置信息。激光雷达在无人驾驶系统中,常被安装在汽车的顶部,是导航、定位、避障必不可少的核心部件,如图 5-3-1 所示。

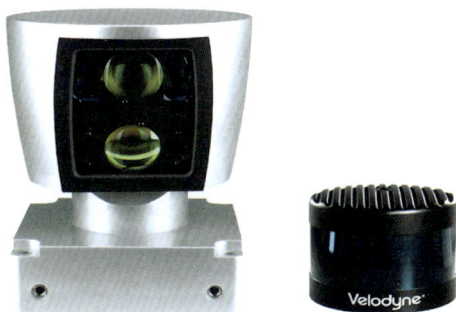

图 5-3-1　激光雷达

一、激光雷达传感器的结构

1. 机械旋转激光雷达结构

机械旋转激光雷达主要采用机械旋转部件作为光束扫描的实现方式,其结构主要包括激光源、伺服电机、光学旋转编码器、反射镜、接收器、发射镜片和接收镜片等部件,如图 5-3-2 所示。

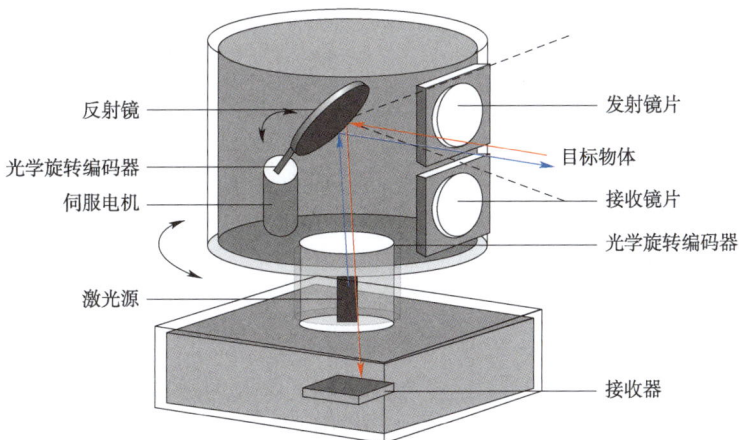

图 5-3-2　机械旋转激光雷达结构示意图

2. 固态激光雷达结构

固态激光雷达是内部完全没有运动部件的雷达,其结构主要包括激光二极管、MEMS(微机电系统)扫描微镜、微处理器、光电二极管、接收透镜和扩散透镜等部件,如图5-3-3所示。

图 5-3-3　OPA 固态激光雷达结构示意图

3. 多线混合固态激光雷达

多线混合固态激光雷达内部装有可动的微型镜面来替代机械旋转扫描器,其结构主要包括顶盖、信息处理单元、面罩、发射镜片、接收镜片、激光发射器、光电探测器、旋转体、旋转电机、驱动控制及信号预处理单元、航空插头和基座,如图5-3-4所示。

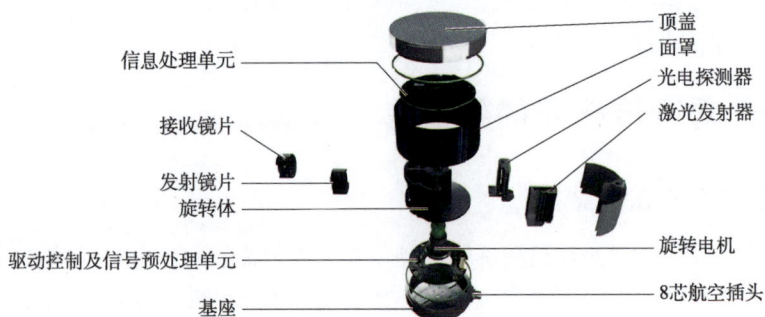

图 5-3-4　多线混合固态激光雷达结构示意图

二、激光雷达系统测距工作原理

激光雷达测距的基本原理是通过测算激光发射信号与激光回波信号的往返时间,从而计算出目标物的距离,如图 5-3-5 所示。首先,激光雷达向目标发射一束激光,激光束碰到障碍物后被反射回来,被激光接收系统进行接收和处理,从而得知激光从发射到被反射回来的时间,即激光的飞行时间,根据飞行时间,可以计算出障碍物的距离。

激光雷达
测距原理

根据所发射激光信号的不同形式,激光测距方式可分为脉冲激光测距和连续波相位激光测距两大类。而基于两种激光测距方式,主要用到的测量方法有脉冲测距法、干涉测距法和相位测距法。

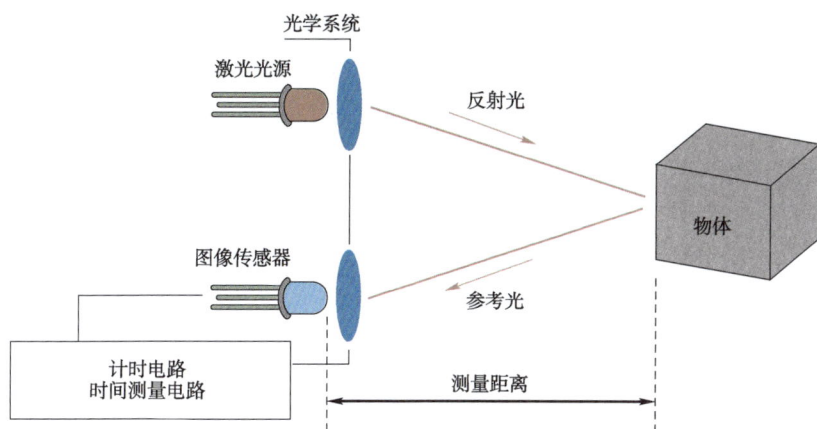

图 5-3-5　激光雷达的工作原理

1. 脉冲测距法原理

　　用脉冲测距法来测量距离时,首先激光器发出一个光脉冲,同时设定的计数器开始计数,当接收系统接收到经过障碍物反射回来的光脉冲时停止计数。计数器所记录的时间就是光脉冲从发射到接收所用的时间。光速是一个固定值,只要得到激光从发射到接收所用的时间就可以算出激光源到目标障碍物所要测量的距离,如图 5-3-6 所示。

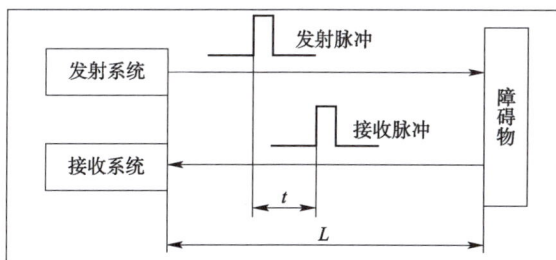

图 5-3-6　脉冲激光测距原理

$$L = ct/2 \tag{5-3-1}$$

式中:c——光在空气中传播的速度,$c = 3 \times 10^8 \mathrm{m/s}$;

　　　t——光脉冲从发射到接收所用的时间,s;

　　　L——待测距离,m。

　　脉冲测距法所测得距离比较远,发射功率较高,一般从几瓦到几十瓦不等,最大射程可达几十公里。脉冲测距法的关键之一是对激光飞行时间的精确测量。激光脉冲测量的精度和分辨率与发射信号带宽或处理后的脉冲宽度有关,脉冲越窄,性能越好。

2. 相位测距法原理

　　相位测距法的原理是利用发射波和返回波之间所形成的相位差来测量距离的。首先,经过调制的频率通过发射系统发出一个正弦波的光束,然后通过接收系统接收经过障碍物之后反射回来的激光。只要求出这两束光波之间的相位差,便可通过此相位差计算出待测距离,如图 5-3-7 所示。

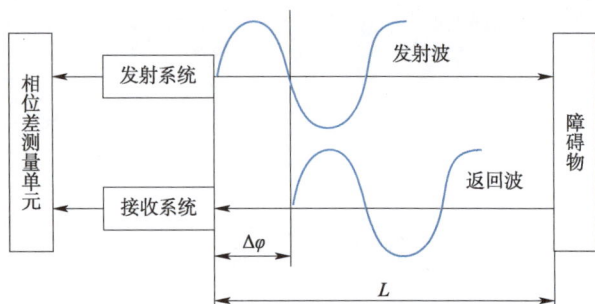

图 5-3-7　激光雷达相位测距法原理

激光从发射到接收的时间为:

$$t = \Delta\varphi/\omega = \Delta\varphi/(2\pi f) \qquad (5\text{-}3\text{-}2)$$

式中:t——激光从发射到接收的时间,s;

$\Delta\varphi$——发射波和返回波之间的相位差,rad;

ω——正弦波角频率,rad/s;

f——正弦波频率,Hz。

待测距离为:

$$L = 1/2ct = c\Delta\varphi/(4\pi f) \qquad (5\text{-}3\text{-}3)$$

式中:c——光在空气中传播的速度,$c = 3 \times 10^8\,\text{m/s}$;

t——光脉冲从发射到接收所用的时间,s;

L——待测距离,m;

f——正弦波频率,Hz;

$\Delta\varphi$——发射波和返回波之间的相位差,rad。

采用相位式激光测距的激光雷达,由于其精度高、体积小、结构简单、昼夜可用的优点,被公认为是最有发展潜力的距离测量技术。相比于其他类型的测距方法,相位式激光测距的激光雷达正朝着小型化、高稳定性、方便与其他仪器集成的方向发展。

三、激光雷达障碍物检测

激光雷达比视觉传感器在距离判定上更为精确。视觉传感器对障碍物的检测基于单一的图像,根据障碍物形状大小无法准确判定出与障碍物的实际距离;多目视觉传感器又因为图像处理较为耗时,难以满足实时需求。

使用激光雷达探测障碍物可以有效地避免上述问题,利用激光雷达生成的点云图,可以轻松地探测到障碍物的形状、大小、距离,探测精度远大于视觉传感器,在光线较暗的地方依旧可以正常使用,没有视觉传感器对光线的依赖。图 5-3-8 所示为激光雷达生成的点云图。

激光雷达
点云数据

图 5-3-8　激光雷达点云图

四、激光雷达传感器特点

1. 激光雷达的优点

激光雷达以激光作为载波,激光是光波波段的电磁辐射。激光雷达具有分辨率及精度高、抗有源干扰能力强、获取信息量丰富的特点。这些特点形成了激光雷达的优势,主要包含以下方面。

(1)分辨率高。激光雷达可获得极高的角度、距离和速度分辨率。通常获得的高角度分辨率可以使激光雷达分辨 3km 距离上存在的两个相距 0.3m 左右的目标,并可同时跟踪多个目标;距离分辨率可达 0.1m;速度分辨率能达到 10m/s 以内。距离和速度分辨率高,是激光雷达的最显著的优点。

(2)隐蔽性好、抗有源干扰能力强。激光直线传播、方向性好、光束窄,只有在其传播路径上才能接收到激光信号。因此,激光的信息截获非常困难,隐蔽性好。而且激光雷达的发射系统口径小,可接收区域窄,有意发射的激光干扰信号进入接收机的概率极低。另外,与毫米波雷达等易受自然界广泛存在的电磁波影响的情况不同,自然界中能对激光雷达起干扰作用的信号源并不多,激光雷达的抗有源干扰能力强。

(3)获取的信息量丰富。激光雷达通过向周围目标发射激光束,然后根据接收的反射激光束,可直接获得目标的距离、角度、反射强度、速度等信息,生成目标的多维图像。

2. 激光雷达的缺点

但是激光雷达也有明显的缺点,主要包含:

(1)工作时易受天气和大气的影响。激光一般在晴朗的天气衰减较小,传播距离较远。而在大雨、浓烟、浓雾等恶劣天气,衰减急剧加大,传播距离大受影响。而且,大气环流还会使激光光束发生畸变、抖动,直接影响激光雷达的测量精度。

(2)激光雷达难以分辨交通标志的含义和红绿灯颜色。在自动驾驶系统中,必须使用其他的传感器(如可见光相机等)辅助进行车辆与交通设施的交互。

(3)激光雷达接收的是光信号,容易受太阳光、其他车辆的激光雷达等光线影响。

（4）现阶段生产成本较高。目前，市场未形成大规模的量产。再加上激光雷达属于高精密仪器，其内部的光学结构、机械结构、芯片的成本占总生产成本的70%以上。这些是导致激光雷达生产成本较高的主要原因。

五、激光雷达传感器分类

激光雷达传感器按有无机械旋转部件，可分为机械旋转激光雷达、固态激光雷达和多线混合固态激光雷达。

1. 机械旋转激光雷达

机械旋转激光雷达，通过不断旋转发射头，将速度更快、发射更准的激光从"线"变成"面"，并在竖直方向上排布多束激光，形成多个面，达到动态扫描并动态接收信息的目的。

因为带有机械旋转机构，所以机械旋转激光雷达结构上最大的特点就是自己会转，设备的体积较大。

如今机械旋转激光雷达技术相对成熟，但价格昂贵，同时存在光路调试、装配复杂，机械旋转部件在行车环境下的可靠性不高等弊端，如图5-3-9所示。

图5-3-9 机械旋转激光雷达

2. 固态激光雷达

相比于机械旋转激光雷达，固态激光雷达结构上的最大特点就是没有了旋转部件，体积相对较小。

固态激光雷达数据采集速度快，分辨率高，对于温度和振动的适应性强，通过波束控制，探测点可以任意分布。例如在高速公路上行驶时，主要扫描前方远处，对车辆侧面进行稀疏扫描但不能完全忽略，到达十字路口区域加强侧面扫描，而只能匀速旋转的机械旋转激光雷达是无法执行这种精细操作的。从使用的技术上，固态激光雷达分为 OPA 固态激光雷达和 Flash 固态激光雷达。

（1）OPA 固态激光雷达。

光学相控阵技术（Optical Phased Array，OPA），主要运用相干原理，采用多个光源组成阵列，通过控制各光源发光时间差，合成具有特定方向的主光束，然后再加以控制，主光束便可以实现对不同方向的扫描。OPA 固态激光雷达的内部完全取消了机械结构，通过调节发射阵列中每个发射单元的相位差来改变激光的出射角度，如图5-3-10所示。

OPA 固态激光雷达的设计是基于传统的机械旋转激光雷达，将原本体积较大的机械结构通过微电子工艺集成在硅基芯片上，进行大规模生产。在硅基芯片上集成微振镜，由可以旋转的微振镜来反射激光器的光线,从而实现扫描。因为没有任何机械结构,自然也没有旋转。所以相比传统机械式雷达,OPA固态激光雷达有扫描速度快、精度高、可控性好、体积小等优点。

图5-3-10　OPA固态激光雷达

（2）Flash固态激光雷达。

Flash原本的意思为快闪。而Flash激光雷达的原理也是快闪,它不像OPA固态激光雷达会进行扫描,而是在短时间直接发射出一大片覆盖探测区域的激光,再以高度灵敏的接收器,来完成对环境周围图像的绘制。因此,Flash固态激光雷达属于非扫描式激光雷达,发射面阵光,是以2维或3维图像为重点输出内容的激光雷达。

Flash固态激光雷达的一大优势是它能快速记录整个场景,避免了扫描过程中目标或激光雷达移动带来的各种麻烦。不过,这种方式也有自己的缺陷,例如探测距离较近。这意味着Flash固态激光雷达没有"远视眼",在实际使用中不适合远程探测,如图5-3-11所示。

图5-3-11　Flash固态激光雷达

3. 多线混合固态激光雷达

机械旋转激光雷达在工作时,发射系统和接收系统会一直360°地旋转。而多线混合固态激光雷达工作时,单从外观上是看不到旋转部件的,其巧妙之处是将机械旋转部件隐藏在外壳之中。

多线混合固态激光雷达外壳内,安装有16对、32对或64对等不同的固定在轴承上的激光发射与激光接收装置,通过内部的电机旋转以5Hz（或者10Hz、20Hz）的转速进行360°的全景扫描。

多线混合固态激光雷达的激光器发射出的脉冲激光打到树木、道路、桥梁、房屋等周边环境上时会引起散射,一部分光波会经过反射返回到激光雷达的接收器中。接收器通常是一个光电倍增管或一个光电二极管,它将光信号转变为电信号,记录下来。

多线混合固态激光雷达的旋转体置于外壳内部,结合了机械旋转式激光雷达和纯固态激光雷达的优势。其凭借着测距精度高、准确获取物体的三维信息、探测距离远、信号稳定性高、可信度高、响应快、可应用于高速移动的情况下且不受光线影响、能全天候监测等优势,而被市场普遍认可,如图 5-3-12 所示。

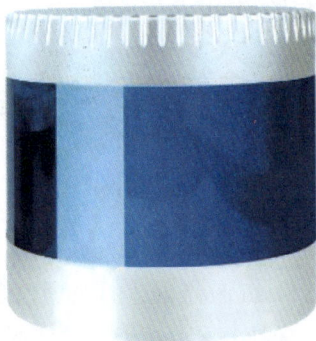

图 5-3-12　多线混合固态激光雷达

六、激光雷达传感器在智能汽车上的应用

智能汽车通过激光雷达对周边环境进行扫描识别,从而引导车辆行进。激光雷达在智能汽车中起着类似于"眼睛"的功能,能够根据扫描到的点云数据快速绘制 3D 全景地图。其主要应用场景有:障碍物分类、障碍物跟踪、路沿可行驶区域检测、车道标志线检测和高精度定位等。

激光雷达
应用实例

1. 障碍物分类

激光雷达对周围障碍物进行扫描,对障碍物的形状特征进行提取,对比数据库原有特征数据,进行障碍物分类,如图 5-3-13 所示。激光雷达将周围的小汽车、大型货车和自行车等障碍物进行了识别分类。

图 5-3-13　障碍物分类

2. 障碍物跟踪

激光雷达采用相关算法对比前后帧变化的障碍物,利用同一障碍物的坐标变化,实现对障碍物的速度和航向检测跟踪,为后续避障提供可靠的数据信息,如图 5-3-14 所示。

图 5-3-14　障碍物跟踪

3. 高精度定位

导航卫星系统给定初始位置,通过 IMU(惯性测量元件)和车辆的 Encoder(编码器)可以得到车辆的初始位置,然后对激光雷达的局部点云信息,包括点、线、面的几何信息和语义信息进行特征提取,并结合车辆初始位置进行空间变换,获取基于全局坐标系下的矢量特征,接着将这些特征与高精度地图的特征信息进行匹配,获取一个准确的定位,如图 5-3-15 所示。

图 5-3-15　高精度定位

> **想一想:**
> 激光雷达具有哪些特点和优势?

七、我国激光雷达产业的崛起

近年来,随着人工智能、5G 等新兴产业的快速发展,我国开始大力推动激光雷达在智能网联汽车和自动驾驶等方向应用。2000 年以前激光雷达的商业化应用以及智能网联行业均处于起步阶段,2016 年后随着无人驾驶汽车行业的高速发展,激光雷达行业也随之进入了迅速发展期。根据 Yole Intelligence 的数据,2022 年激光雷达在乘用车及 L4 自动驾驶领域(包括 Robotaxi)的市场规模达到了 3.17 亿美元,同比增长了 95%,见表 5-3-1。

中国激光雷达行业发展历程   表 5-3-1

时间	激光雷达行业特点	主要应用场景
1980—1990 年代	激光雷达商业化技术起步，单线扫描式激光雷达出现	早期无人驾驶项目
2000—2010 年代早期	高线束激光雷达开始用于无人驾驶的避障和导航，其市场主要是国外厂商	无人驾驶测试项目等
2016—2018 年	国内激光雷达厂商入局，技术水平赶超国外厂商。激光雷达技术方案呈现多样化发展趋势	无人驾驶、高级辅助驾驶、服务机器人等，且下游开始有商用化项目落地
2019 年至今	市场发展迅速，产品性能持续优化，应用领域持续拓展。激光雷达技术朝向芯片化、阵列化发展。境外激光雷达公司迎来上市热潮，同时有巨头公司加入激光雷达市场竞争	无人驾驶、高级辅助驾驶、服务机器人、车联网等

从企业角度来看，我国代表性激光雷达企业主要成立于 2014 年以后，如禾赛科技、速腾聚创等。这些企业在激光雷达技术的研发和生产方面取得了显著成果，为智能驾驶领域提供了高质量的传感器产品。在全球激光雷达领域，中国企业已经占据了举足轻重的地位，市场份额超过 80%，其中禾赛科技、速腾聚创和华为等企业位居前列。这些企业不仅在技术创新上不断突破，还在性能和成本上展现出明显优势，如禾赛科技的 AT128 激光雷达系统在成本和性能上均超越了竞争对手，被多家领先汽车制造商采用。中国激光雷达企业的成功，不仅打破了国外技术的垄断，解决了长期被发达国家制约的"卡脖子"问题，还实现了关键核心部件的完全国产化，拥有自主知识产权。这一成就，让我们深感民族自豪和爱国热情，中国激光雷达产业的崛起，标志着我国在全球高科技领域竞争力的显著提升，展现了中国智造的力量和速度。

想一想：
查询更多的资料，与同学分享我国激光雷达企业速腾聚创的最新产品。

任务实施

一、任务准备

准备激光雷达测量所需的用品和工具设备，见表 5-3-2。

工作准备   表 5-3-2

类别	所需物料
车辆防护用品	通用防护用品：车内防护用品、翼子板布；高压防护用品（新能源车辆）：绝缘垫、隔离带、高压警示牌、绝缘手套、绝缘鞋、护目镜
测试仪器、设备	万用表、拆装工具套装、撬板、激光雷达线束、扭力扳手、实训车辆、万用表、网线检测仪、计算机、Wireshark 软件

二、实操演练

任务1　激光雷达的外观及安装状态检测

1. 完成激光雷达的硬件检查

对激光雷达的外观及安装状态进行初步检查,检查内容见表5-3-3。

激光雷达外观及安装状态检查　　　　　　　　　　表5-3-3

序号	检查项目	检查内容	是否正常	维修建议
1	激光雷达外观	外壳是否破损	是□　否□	更换传感器
		内部结构能否正常旋转	是□　否□	
		是否有进水痕迹	是□　否□	
		是否有敲击痕迹	是□　否□	
2	激光雷达安装位置	安装位置是否正确	是□　否□	重新安装调整
		安装是否紧固	是□　否□	
		固定底座是否变形	是□　否□	
3	激光雷达线束接口	接口是否存在虚接、破损、进水以及异物等情况	是□　否□	更换或修复
4	激光雷达线束	线束是否存在破损、折断、烧蚀等情况	是□　否□	更换或修复

2. 拆画电路图

查阅相关维修手册,在下框中画出激光雷达的相关电路图。

3. 测量毫米波雷达线路

以实验车辆为例,测量车辆激光雷达数据。并将检测结果及维修建议填入表5-3-4 中。

激光雷达线路测量 表 5-3-4

序号	检测项目	检测内容	检测工具	检测结果	标准值	是否正常	维修建议
1	供电线路	电压	万用表		12V	是□ 否□	
2	搭铁线路	电阻	万用表		<1Ω	是□ 否□	
3	信号线	电压	万用表		<1Ω	是□ 否□	
4	网线	网线通断	网线检测仪		导通	是□ 否□	

4. 维修结果检验

根据表 5-3-4 测量结果对故障部位进行维修,维修后重新对该功能进行检验,并将检验结果记录在表 5-3-5 中。

维修结果检验 表 5-3-5

检查项目	检查结果	操作要点
激光雷达线路是否恢复正常	是□ 否□	
激光雷达线路电压是否恢复正常	是□ 否□	
故障部件是否正常工作	是□ 否□	
系统功能是否恢复正常	是□ 否□	
维修工具是否整理归位	是□ 否□	
维修工位是否打扫干净	是□ 否□	
工作页是否填写完整	是□ 否□	

想一想:

激光雷达故障,会影响车辆的哪些功能呢?

任务 2 激光雷达的拆卸与安装

查阅相关资料或观察实验车辆,找出实验车辆激光雷达安装位置。找到位置后,在图 5-3-16 中圈出对应安装位置。

图 5-3-16 激光雷达安装位置

1. 拆卸激光雷达

本任务需对车辆毫米波雷达进行拆卸。参照维修手册,按照标准步骤完成激光雷达的拆卸,并在表 5-3-6 中总结出操作要点。

激光雷达拆卸　　　　　　　　　　　　　　　　表 5-3-6

序号	操作内容	注意事项	操作要点
1	铺设车辆防护用品	按需铺设,电动车辆应铺设绝缘防护	
2	整车断电	禁止带电操作	
3	拆卸车辆相关附件	按标准流程进行拆卸	
4	拆卸激光雷达相关线束	轻拿轻放并妥善保存	
5	拆卸激光雷达固定螺栓	拆下螺栓不要丢失,妥善保存	
6	取下激光雷达及接线盒	—	

2. 安装激光雷达

激光雷达一般配有单独的激光雷达控制模块,并通过以太网将信号传递至决策模块。激光雷达通过计算发射激光的折返时间来确定位置,因此需要较为精准的时间系统。在 ADAS 中,一般由 GNSS 或惯性导航系统为激光雷达提供精准的时钟信号,由单独的信号线连接。激光雷达接线图如图 5-3-17 所示。

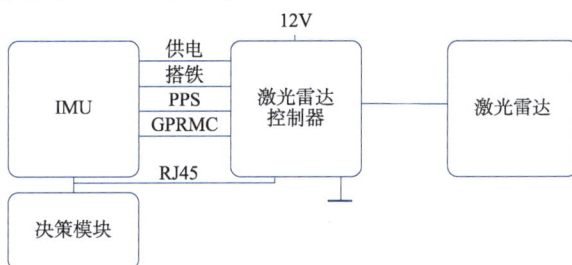

图 5-3-17　激光雷达接线图

本任务需对车辆激光雷达进行安装。参照维修手册,按照标准步骤完成激光雷达的安装,并在表 5-3-7 中总结出操作要点。

激光雷达安装　　　　　　　　　　　　　　　　表 5-3-7

序号	操作内容		注意事项	操作要点
1	将激光雷达及接线盒固定在车身安装位置上		安装激光雷达时,线缆方向朝向车辆的后方	
2	按标准力矩紧固固定螺栓		水平安装在车的顶部,水平放置,精度在 2°以内	
3	连接激光雷达线束	8pin 端口与激光雷达上 8pin 母头连接	注意连接时不要将针错接或者歪接	
		将激光雷达电源接口分别接到车上的 12V 电源接线盒	车辆上提供 12V 电源接线盒,区别正负	
		将授时端口与 IMU 授时端口相连	线束连接过程中,必须保证整车断电,确认接线无误后才可上电	
		将网线端口通过网线与工控机相连	线束连接过程中,必须保证整车断电,确认接线无误后才可上电	

序号	操作内容	注意事项	操作要点
4	安装车辆相关附件	按标准流程进行安装	
5	整理及恢复	撤去相应防护设备	

任务3 激光雷达测试

根据相关维修手册,按标准步骤完成激光雷达的测试,见表5-3-8。

激光雷达测试步骤　　　　　　　　　　　表5-3-8

序号	操作项目	操作内容	操作要点
1	上电后打开终端窗口	快捷键:Ctrl + Alt + T	
2	输入指令"sudo wireshark"开启 Wireshark 软件,进入"eth0"通道	读取激光雷达传感器设备的固有 IP 地址与目标 IP 地址	注意事项:激光雷达传感器设备的目标 IP 地址与自动驾驶低速车计算单元的 IP 地址需保持一致,若不一致,需在激光雷达传感器上位机内重新设置固有 IP 地址和目标 IP 地址
3	打开终端,将当前目录切换到 apollo 源码所在目录	依次输入 cd/apollo docker/scripts/dev_start.sh	
4	执行进入 Docker 容器脚本命令	输入:docker/scripts/dev_into.sh	
5	执行 apollo 引导命令	输入:/scripts/bootstrap.sh	
6	启动 apollo Dreamview 系统	当界面中显示"Dreamview is running at http://localhost:8888",用谷歌浏览器成功访问 http://localhost:8888,则表示 apollo Dreamview 已正常启动	
7	启动激光雷达传感器模块	选择车型后,在 Module Controller 界面"Modules"里启动"Lslidar 16"模块,观察左侧"Hardware-LSLIDAR"的状态,若状态从"ERROR"变为"OK",则说明激光雷达已被打开	
8	启动点云数据模块,测试是否能正常使用	打开"GPS""IMU""Lidar Localization""Localization"模块,进入"Layer Menu"功能栏,在"Perception"处点击打开"Point Cloud"模块	
9	如果界面中显示出实时点云图,说明激光雷达与自动驾驶计算机单元适配成功,数据通信正常		

任务评价

完成表 5-3-9 所示学习情境评价表。

激光雷达原理与装调学习情境评价表　　　　　　　　表 5-3-9

基本信息	姓名		学号		班级		组别	
	角色		任务			目标		
	规定时间		完成时间		考核日期		总评成绩	

考核内容	序号	实训步骤	评分标准	分值（分）	自评（分）	互评（分）	师评（分）	综合评分（分）
	1	准备工作	实训前期检查是否全面、到位	10				
	2	检查并穿戴防护用具，检查工具	检查是否全面规范穿戴护具，工具是否规范	10				
	3	激光雷达的故障检测	操作是否规范，步骤是否正确	15				
	4	激光雷达的拆卸与安装	操作是否规范，步骤是否正确	15				
	5	激光雷达测试	操作是否规范，步骤是否正确	15				
	6	7S 管理	整理、整顿、清扫、清洁、素养、安全、节约	10				
	7	团队协作	成员是否配合默契	10				
	8	沟通表达	是否能沟通交流，是否正确表达意思	10				
	9	工单填写	填写是否正确规范	5				

教师评语	

任务总结

```
                              什么是激光雷达 ── 利用激光特性来探测物体的环境感知设备
                  激光雷达的
                    原理       激光雷达有哪些特点 ── 方向性好、范围大、精度高

                              激光雷达的应用 ── 定位导航、障碍检测、车辆检测、运动目标跟踪等

                              激光雷达的测距工作原理 ── 脉冲测距法、相位测距法等
  激光雷达
  原理与装调       激光雷达的     激光雷达的结构 ── 激光雷达的结构原理
                    检测
                              激光雷达的连接方式 ── 激光雷达的控制逻辑及接线方式

                              激光雷达的测量方式 ── 测量激光雷达的相关线束

                  激光雷达的     激光雷达如何更换 ── 激光雷达的拆装步骤
                    装调
                              激光雷达测试流程
```

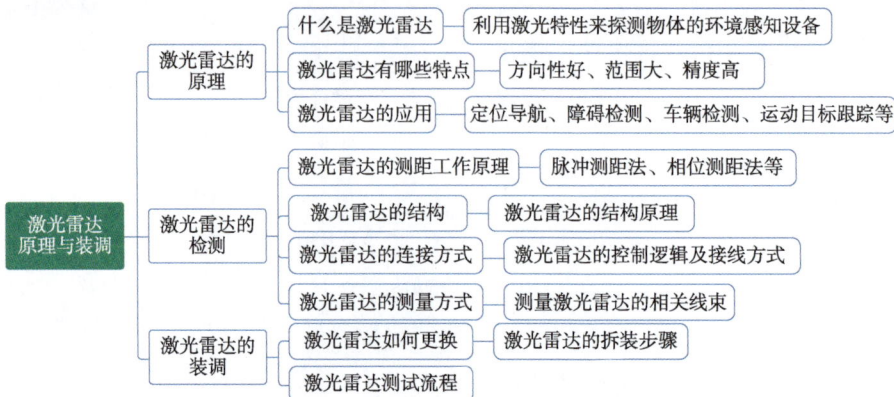

请写出完成本次任务的反思。

_____

_____

课后练习

一、单项选择题

1.激光雷达以激光作为载波,具有分辨率及精度高、(   )、获取信息量丰富的特点。

    A.恶劣天气探测精度高   B.分辨交通标志和红绿灯清晰

    C.抗有源干扰能力强   D.不受任何条件限制,全天候工作

2.激光雷达按激光波段分类,可分为紫外线激光雷达、可见光激光雷达和红外线激光雷达。按有无机械旋转部件分类,可分为机械旋转式激光雷达和(   )。

    A.气体激光雷达   B.固态激光雷达

    C.脉冲激光雷达   D.连续波激光雷达

3.激光雷达按线束数量分类可分为单线束和多线束激光雷达。目前市场上多线束激光雷达产品主要有4线束、8线束、(   )、32线束、64线束、128线束等。

    A.6线束   B.12线束   C.16线束   D.48线束

4.激光雷达传感器的测距原理是通过测算激光发射信号与激光回波信号的往返时间,从而计算出目标的距离。其主要测距法主要包括:激光雷达脉冲测距法、激光雷达干涉测距法和(   )。

    A.激光雷达霍尔测距法   B.激光雷达跨电压测距法

    C.激光雷达点云测距法   D.激光雷达相位测距法

5.脉冲激光测距的关键之一是对激光飞行时间的精确测量。激光脉冲测量的精度和分辨率与发射信号带宽或处理后的(   )有关,脉冲越窄,性能越好。

    A.脉冲幅度   B.脉冲频率   C.脉冲长度   D.脉冲宽度

二、填空题

1.激光雷达以激光作为载波,激光是光波波段_____。

2.激光雷达按有无机械旋转部件分类,可分为_____和_____。

3.激光雷达传感器测距的基本原理是通过测算_____与_____的往返时间,从而计算出目标的距离。

4.根据所发射激光信号的不同形式,激光测距主要用到的测量方法有_____、_____和_____等。

5.激光雷达传感器的上位机能实现激光雷达基本参数的配置,读取各激光雷达通道不同点云的坐标、_____、_____,并实现数据的记录与回放功能。

学习任务四 视觉传感器原理与装调

任务导入

你是宇通智能网联汽车的售后维修技师,车辆的视觉传感器出现了问题,需要对视觉传感器进行检测和拆装。请你在遵守车辆检测安全规则的情况下,制订合理的方案,完成视觉传感器的检测,如果必要的话,还需要进行旧件拆卸和新件安装。希望你通过这次实践,不仅学会如何操作,更能体会到作为一名技师的责任和乐趣。准备好了吗?让我们开始吧!

任务资讯

一、视觉传感器的结构

视觉传感器主要由光源、镜头、图像传感器、模数转换器、图像处理器、图像存储器等组成,有时还要配以光投射器及其他辅助设备,如图5-4-1所示。

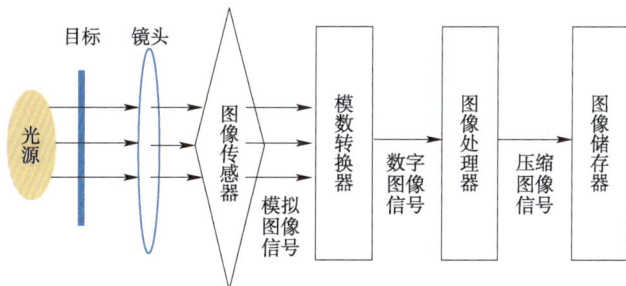

图5-4-1 视觉传感器的结构

1.光源

在物理学中,光源指能发出一定波长范围的电磁波(包括可见光与紫外线、红外线、X射线等不可见光)的物体,通常指能发出可见光的发光体。

2. 镜头

镜头指电影摄影机、放映机等用以生成影像的光学部件,也称光学镜头。镜头的主要功能为收集被照物体反射光并将其聚焦于 CCD(电荷耦合器件)上。

3. 图像传感器

图像传感器是视觉传感器最核心的器件。视觉传感器捕捉目标物体图像的能力不仅取决于镜头,而且还取决于视觉传感器内的图像传感器。图像传感器技术分为电荷耦合器件(CCD)和互补金属氧化物半导体(CMOS)两种,如图 5-4-2 所示。

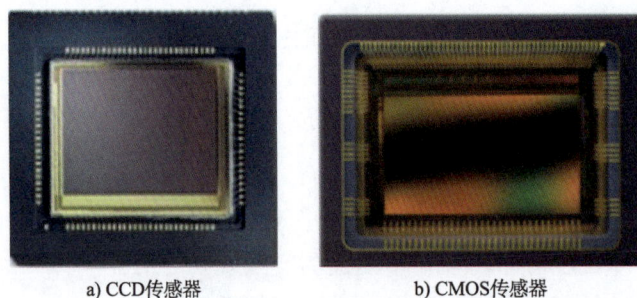

a) CCD传感器　　　　　　　　b) CMOS传感器

图 5-4-2　图像传感器

4. 模数转换器

模拟数字转换器即 A/D 转换器,或简称 ADC,通常是指一个将模拟信号转变为数字信号的电子元件。

5. 图像处理器

图像处理器是一类对图片进行分析、修复、美化、合成等处理的软件。

6. 图像储存器

图像存储器指各种图形和影像在存储器中最多可以存储多少帧的视频信号。

二、视觉传感器的工作原理

视觉传感器是指通过对摄像机拍摄到的图像进行图像处理,来计算对象物的特征量(面积、重心、长度、位置等),并输出数据和判断结果的传感器,如图 5-4-3 所示。

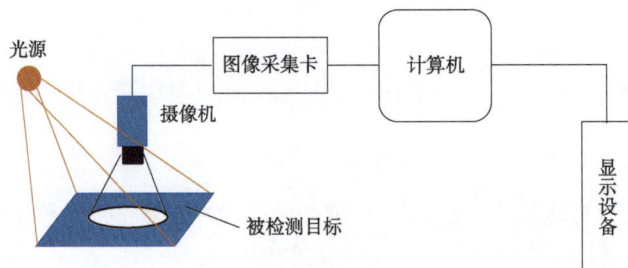

视觉传感器成像
原理及应用

图 5-4-3　视觉传感器工作原理

视觉传感器的工作原理是基于光电转换技术,其核心功能是将捕获的光学图像信息转换为数字信号,以供后续处理和分析。工作时,镜头捕获外部环境的图像,经由图像传感器将光学信号转换为模拟信号,模数转换器再将这些模拟信号转换为数字信号,数字信号随后被送入图像处理器进行特征提取和分析,经过算法优化处理后,以图像文件的形式存储在图像存储器中,最终实现对车辆周围环境的监测、物体识别和车辆定位等功能。

三、视觉传感器的特点

1. 视觉传感器优点

(1)信息丰富。视觉传感器能够提供高分辨率的图像信息,包含色彩、形状、纹理等多种特征,有助于复杂场景的识别。

(2)功能多样。视觉传感器在视野范围内可同时实现道路检测、车辆检测、行人检测、交通标志检测、交通信号灯检测等,信息获取面积大。当多辆智能网联汽车同时工作时,不会出现相互干扰的现象。

(3)实时监测。视觉传感器能够实时捕获车辆周围环境的变化,提供连续的视觉信息流。

(4)应用广泛。以前视视觉传感器为例,夜视、车道偏离预警、碰撞预警、交通标志识别等要求视觉系统在各种天气和路况条件下,能够清晰识别车道线、车辆、障碍物、交通标志等。

2. 视觉传感器缺点

(1)受环境影响大。视觉传感器的性能受光照条件和天气影响较大,如雾天、雨天或夜间可能降低其效能。

(2)数据处理要求高。视觉传感器需要较大的计算资源来处理图像数据,可能导致系统响应延迟。

(3)相比于激光雷达和毫米波雷达,视觉传感器的测距和测速性能差。

(4)视觉传感器采集到的数据需要与样本进行匹配来完成识别,难以摆脱样本限制。

> **想一想:**
> 视觉传感器具有哪些特点和优势?

四、视觉传感器的分类

视觉传感器可以按照视野覆盖位置、传感器模块和芯片类型进行分类。

1. 按视野覆盖位置分类

视觉传感器按视野覆盖位置可分为前视视觉传感器、侧视视觉传感器、后视视觉传感器、内视视觉传感器,侧视和后视视觉传感器组合构成环视视觉传感器。在智能网联汽车上,前视视觉传感器最为关键。

2. 按传感器模块分类

视觉传感器按照传感器模块可分为单目视觉传感器、双目视觉传感器、三目视觉传感器、环视视觉传感器。不同类型的视觉传感器的对比见表 5-4-1。

不同类型视觉传感器的对比   表 5-4-1

分类	优点	缺点
单目视觉传感器	成本和量产难度相对较低	图像识别算法研发存在壁垒、数据库建立成本较高;定焦镜头难以同时观察不同距离的图像
双目视觉传感器	测距精确	使用多个视觉传感器,成本较高;计算量巨大,对计算芯片要求高,目前大多使用现场可编程门阵列(FPGA)
三目视觉传感器	全覆盖视角	对视觉传感器之间的误差精度要求高,量产、安装较困难,不仅工作量大,计算量至少为双目的两倍
环视视觉传感器	360°环境感知	图像畸变

3. 按芯片类型分类

视觉传感器常用芯片一般分为 CCD 和 CMOS 两种。

电荷耦合器件(Charge-Coupled Device,CCD)是一种用电荷量表示信号大小,用耦合方式传输信号的探测元件,具有自扫描、感受波谱范围宽、畸变小、体积小、质量轻、系统噪声低、功耗小、寿命长、可靠性高等一系列优点。CCD 的工作原理是将光子信号转换成电子包并传送到一个共同输出结构,然后把电荷转换成电压信号。最终这些信号会输送到缓冲器并存储到芯片外,如图 5-4-4 所示。CCD 传感器使用 NMOS(N 型金属氧化物半导体)制造技术,具有非常高的质量和光敏感性,能够以较低的噪声提供清晰的图像。而这也大大提升了它的制造成本,且 CCD 传感器的芯片体积及功耗较大。

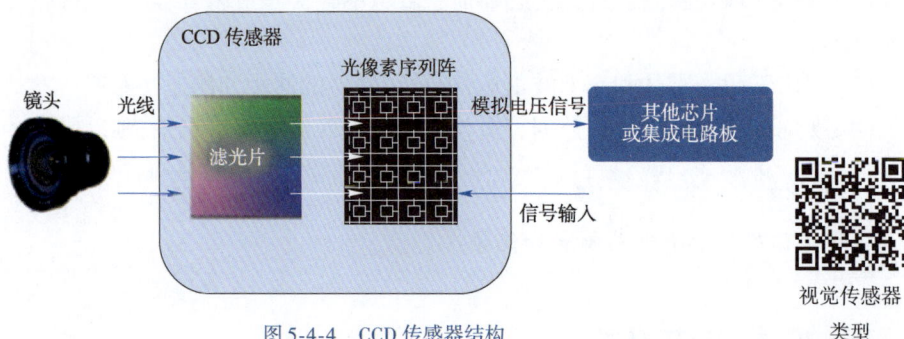

图 5-4-4 CCD 传感器结构

互补性氧化金属半导体(Complementary Metal-Oxide Semiconductor,CMOS)是利用 CMOS 工艺制造的图像传感器,通常由像敏单元阵列、行驱动器、列驱动器、时序控制逻辑、模数转换器、数据总线输出接口、控制接口等部分组成。与 CCD 传感器不同的是,它嵌入了模数转换器等系统级芯片来实现后处理功能,增加了传感器的复杂性,如图 5-4-5 所示。CMOS 传感器则具有低成本、低功耗以及高整合度的特点。现今车载摄像头主要应用的是 CMOS 传感器。

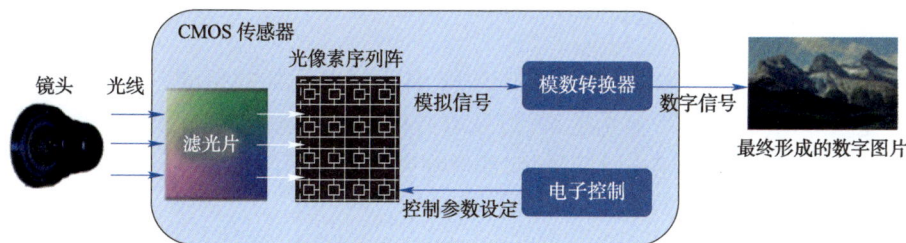

图 5-4-5　CMOS 传感器结构

五、视觉传感器的技术参数

视觉传感器的技术参数主要有像素、帧率、靶面尺寸、感光度、信噪比、电子快门、畸变、视场角、焦距、光圈大小、镜头类型。

1. 像素

像素是图像传感器的感光最小单位,即构成影像的最小单位,决定了图像的清晰度和细节。像素越高,图像越清晰,能够捕捉到更多的细节信息。

2. 帧率

帧率是指单位时间内图像传感器能够记录或输出的图像数量,通常以每秒帧数(fps)表示,连续播放一系列图像就会产生动画效果。根据人的视觉系统,当图片的播放速度大于 15 幅/s 的时候,人眼就基本看不出来图片的跳跃;在达到 24～30 幅/s 时,人眼就基本觉察不到闪烁现象。帧率越高,图像越流畅,能够更好地捕捉动态场景。

3. 靶面尺寸

靶面尺寸是指图像传感器感光部分的面积,通常以英寸(1in = 0.0254m)为单位,通常这个数据指的是该图像传感器的对角线长度,如常见的有 1/3in。靶面尺寸越大,通光量越好,能够在低光环境下获得更好的图像质量;靶面尺寸越小,则比较容易获得更大的景深。例如,1/2in 可以有比较大的通光量,而 1/4in 可以比较容易获得较大的景深。

4. 感光度

感光度是指图像传感器对光线的敏感程度,通常用 ISO 值表示。感光度越高,图像传感器对光的敏感度越强,快门速度就越快高,能够在暗光环境下获得更好的图像质量,这在拍摄运动车辆、夜间监控的时候显得尤为重要。

5. 信噪比

信噪比是指图像信号电压与噪声电压的比值,通常用 dB 表示。一般摄像机给出的信噪比值均是自动增益控制(AGC)关闭时的值。因为当 AGC 接通时,会对小信号进行提升,使得噪声电平也相应提高。信噪比的典型值为 45～55dB,若为 50dB,则图像有少量噪声,但图像质量良好;若为 60dB,则图像质量优良,不出现噪声。信噪比越高,说明摄像机对噪声的控制越好,图像质量越好,噪声越少。

6. 电子快门

电子快门可以控制图像传感器的感光时间,从而调节图像的亮度。由于图像传感器的感光值就是信号电荷的积累,感光越长,信号电荷积累时间也越长,输出信号电流的幅值也越大。电子快门速度越快,感光时间越短,能够在强光环境下获得更好的图像质量。

7. 畸变

畸变是指图像传感器成像时出现的失真现象,是光学透镜固有的透视失真,常见的畸变包括桶形畸变和枕形畸变,如图 5-4-6 所示。畸变会影响图像的准确性,需要进行校正。

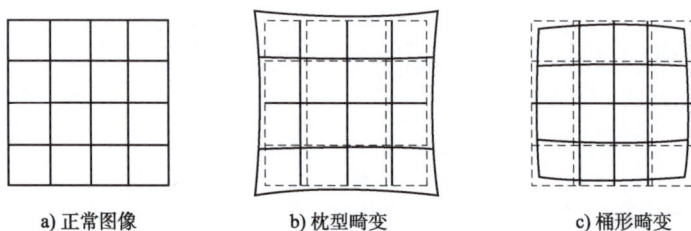

a) 正常图像   b) 枕型畸变   c) 桶形畸变

图 5-4-6   畸变类型

8. 视场角

视场角是指图像传感器能够捕捉到的范围,通常用度数表示。视场角越大,能够捕捉到的范围越广,但图像的边缘可能会出现畸变。

9. 焦距

焦距是指镜头的光学中心到图像传感器中心的距离,通常用毫米表示,如图 5-4-7 所示。焦距越长,图像的放大倍数越大,但视场角会变小。即镜头焦距越长,看得越远,看的角度就越小;焦距越短,看得越近,看到的角度范围就越大。焦距与水平视角的关系如图 5-4-8 所示。

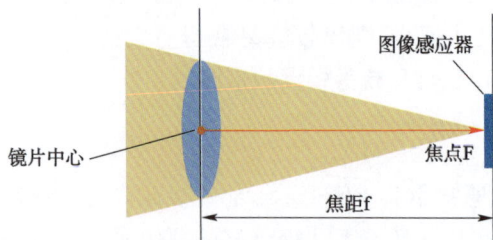

图 5-4-7   焦距示意图

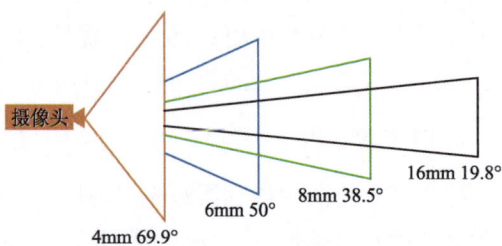

图 5-4-8   焦距与水平视角的关系

10. 光圈大小

光圈大小是指镜头进光量的多少,通常用 F 值表示。光圈越大,进光量越多,能够在暗光环境下获得更好的图像质量,但景深会变浅。

11. 镜头类型

不同的镜头类型会影响图像的畸变、景深和清晰度等参数。常见的镜头类型包括定焦镜头、变焦镜头和鱼眼镜头。

六、视觉传感器的应用

视觉传感器在车辆辅助驾驶或是无人驾驶汽车上的应用,主要是环境感知能力和定位能力,按照其应用场景及场景所要求的布局,从以下五个方面介绍车载视觉传感器的应用。

视觉传感器
在自动驾驶
汽车中的应用

1. 前视视觉传感器的应用

前视视觉传感器在智能网联汽车中的应用最为广泛。如在车道偏离预警系统(LDW)中,当视觉传感器检测到车辆驶向车道线时,会发出报警提示;在前向碰撞预警系统(FCW)中,通过视觉传感器检测前车与本车的运动状态,当有碰撞的危险时,可向驾驶人发出警告;在交通标志识别系统(TSR)中,利用前视视觉传感器组合模式识别道路上的交通标志,提示、警告驾驶人或自动调整车辆运行状态;在车道保持辅助系统(LKA)中,当前视视觉传感器检测到车辆即将偏离车道线时,会向控制中心发出信息,然后由控制中心发出指令,及时纠正行驶方向;在行人碰撞预警系统(PCW)中,前视视觉传感器会标记前方道路行人,并在可能发生碰撞时及时发出警报。

2. 后视视觉传感器的应用

后视视觉传感器广泛应用于交通识别、辅助泊车等场景中,如在泊车辅助系统(PA)中,泊车时利用后视视觉传感器将车辆后方影像显示在驾驶舱内,预测并标记倒车轨迹,辅助驾驶人泊车。

3. 侧视视觉传感器的应用

侧视视觉传感器可用于盲点监测、辅助泊车等场景中,在盲点监测系统(BSD)中,可以扫除后视镜盲区,并通过侧视视觉传感器或雷达将汽车左右后视镜盲区内的影像显示在驾驶舱内。

4. 内视视觉传感器的应用

内视视觉传感器可用于驾驶人注意力监控系统(DMS)中,是一种基于驾驶人生理反应特性的驾驶人疲劳监测预警技术。通过不断检测驾驶人的驾驶习惯,可以在感觉到驾驶人疲劳驾驶后及时向驾驶人发出警告,提醒驾驶人应适当安全驾驶停车休息。内视视觉传感器也可用于驾乘身份识别,主要是一种防盗措施,可以在车辆被盗后阻止车辆起动,或是发生陌生人驾驶车辆时,向车主报告车内的详细信息。

5. 夜视视觉传感器的应用

夜视视觉传感器利用红外线探测原理,在光照条件不足的情况下是一种有效补充。如可用于夜视系统,驾驶人将获得更高的预见能力,它能够针对潜在危险向驾驶人提供更加全面、准确的信息或发出早期警告,提高安全性。

七、视觉传感器的标定与测试

视觉传感器是一种非常精密的光学仪器,它对外界环境的感知是非常敏感的。由于视觉传感器内部和外部结构的原因,生成的物体图像常常会发生一定的畸变,如鱼眼摄像头,其畸变是非常大的,如果直接将采集到的图像进行处理,会产生很大的问题,为了避免数据源造成的误差,需要针对视觉传感器的参数进行标定。

视觉传感器的标定可分为外参标定与内参标定。

1. 外参标定

外参标定的主要目的是将传感器坐标与世界坐标一一对应,即通过平移和旋转、将视觉传感器坐标与世界坐标重合,用以获取物体在现实世界的真实位置。视觉传感器标定的坐标系转换如图5-4-9所示。

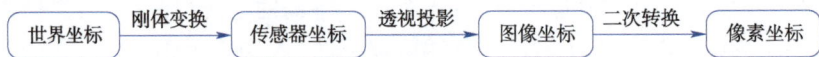

图 5-4-9　视觉传感器标定的坐标系转换

2. 内参标定

内参标定主要用于消除视觉传感器成像的畸变。由于镜头的物理特性,视觉传感器成像会有不同程度的畸变,根据畸变特性可分为桶形畸变、枕形畸变以及线性畸变,如图5-4-10所示。畸变后的物品有较大程度的失真,无法用于精准识别和定位。

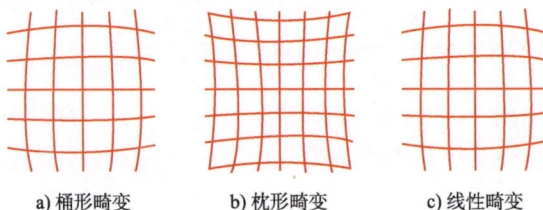

a) 桶形畸变　　　b) 枕形畸变　　　c) 线性畸变

图 5-4-10　镜头畸变分类

通过视觉传感器内参标定,可以获取视觉传感器的相机内参及畸变参数,再通过校正,即可获得真实的成像,达到更精准的识别和定位。

3. 视觉传感器测试流程

当实验车辆在不同的测试道路上行驶时,需要对实验车辆摄像头进行重新测试。此外,调整摄像头位置或更换摄像头后,同样需要对实验车辆摄像头进行重新测试。测试流程如图5-4-11所示。

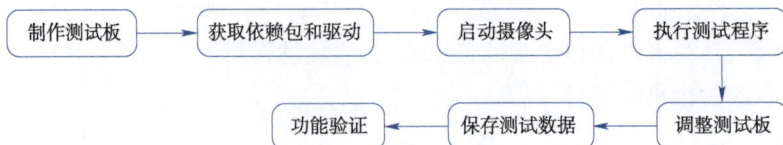

图 5-4-11　视觉传感器测试流程

八、我国视觉传感器的发展历程

在 20 世纪 80 年代,随着改革开放的推进,我国开始引进国外的视觉传感器技术和产品,主要用于工业自动化和安防监控等领域。这一时期,国内对视觉传感器的了解和应用还非常有限。进入 20 世纪 90 年代,随着计算机视觉技术的发展,国内一些高校和科研机构开始进行视觉传感器的基础研究,主要集中在图像处理和模式识别算法等方面。在这一时期,我国的视觉传感器技术主要应用于简单的工业检测和安防监控,技术含量较低,市场规模有限。

进入 21 世纪,随着国家对高新技术产业的重视,视觉传感器技术被列为重点发展领域,得到了政策和资金的大力支持。在国家政策的推动下,国内企业和科研机构加大了研发投入,取得了一系列技术突破。特别是在图像传感器、图像处理算法等方面,我国逐渐形成了自己的核心技术。随着技术的进步,我国视觉传感器产业开始走向产业化。一些企业开始生产视觉传感器产品,并逐步进入国内外市场。

随着智能网联汽车、工业自动化、安防监控等领域的快速发展,我国视觉传感器市场需求迅速增长。国内企业不断扩大生产规模,提高产品质量,以满足市场需求。在国内市场取得一定成就后,我国视觉传感器企业开始积极参与国际竞争。通过技术创新和市场拓展,一些企业成功打入欧美等发达国家和地区市场,与国际知名企业展开竞争。在国际市场上,我国视觉传感器企业逐渐树立了自己的品牌形象。通过提供高性价比的产品和优质的服务,赢得了国际客户的认可。

综上可以看出,我国视觉传感器产业的发展是一部充满挑战与创新的历史。从最初的引进学习,到如今的自主研发和国际竞争,我国视觉传感器产业经历了从无到有、从弱到强的转变。我国视觉传感器技术发展迅速,取得了显著的成绩,但仍面临一些挑战,如核心技术受制于人、产业链不完善、人才短缺等。展望未来,我国视觉传感器产业将继续加大研发投入,加强国际合作,培养专业人才,以实现可持续发展。随着新技术的不断涌现,我国视觉传感器产业将迎来更多的发展机遇。

> **想一想:**
> 查询更多的资料,与同学分享我国视觉传感器企业成长的小故事。

🔧 任务实施

一、任务准备

准备视觉传感器测量所需的用品和工具设备,见表 5-4-2。

工作准备　　　　　　　　　　　　　　　　　　　　表 5-4-2

类别	所需物料
车辆防护用品	绝缘垫(编号)、隔离带、高压警示牌、绝缘手套、绝缘鞋、护目镜、车内防护用品、翼子板布
测试仪器、设备	万用表、拆装工具套装、撬板、扭力扳手、实训车辆、棋盘测试、计算机

二、实操演练

任务1　视觉传感器的故障检测

1. 视觉传感器的硬件检查

以实训车辆上的视觉传感器为例,检查视觉传感器外观及安装状态,检查内容见表5-4-3。

视觉传感器外观及安装状态检查　　　　　　　　　表5-4-3

序号	检查项目	检查内容	是否正常	维修建议
1	视觉传感器外观	外壳是否破损	是□　否□	更换传感器
		镜头是否有裂痕	是□　否□	
		是否有进水痕迹	是□　否□	
		是否有敲击痕迹	是□　否□	
2	视觉传感器安装位置	安装位置是否正确	是□　否□	重新安装调整
		安装是否紧固	是□　否□	
		固定底座是否变形	是□　否□	
3	视觉传感器线束接口	接口是否存在虚接、破损、进水以及异物等情况	是□　否□	更换或修复
4	视觉传感器线束	线束是否存在破损、折断、烧蚀等情况	是□　否□	更换或修复

2. 拆画电路图

查阅相关维修手册,在下框中画出视觉传感器的相关电路图。

3. 测量视觉传感器线路

以实训车辆为例,测量车辆视觉传感器数据,并将检测结果及维修建议填入表5-4-4中。

视觉传感器线路测量 表5-4-4

序号	检测项目	检测内容	检测工具	检测结果	标准值	是否正常	维修建议
1	供电线路	电压	万用表		5 V	是□ 否□	
2	搭铁线路	电阻	万用表		<1Ω	是□ 否□	
3	信号线	电阻	万用表		<1Ω	是□ 否□	

4. 维修结果检验

根据表5-4-4测量结果对故障部位进行维修,维修后重新对该功能进行检验,并将检验结果记录在表5-4-5中。

维修结果检验 表5-4-5

检查项目	检查结果	操作要点
视觉传感器线路是否恢复正常	是□ 否□	
视觉传感器线路电压是否恢复正常	是□ 否□	
故障部件是否正常工作	是□ 否□	
系统功能是否恢复正常	是□ 否□	
维修工具是否整理归位	是□ 否□	
维修工位是否打扫干净	是□ 否□	
工作页是否填写完整	是□ 否□	

想一想:

视觉传感器故障,会影响车辆的哪些功能呢?

任务2 毫米波雷达的拆卸与安装

查阅相关资料或观察实验车辆,找出实验车辆视觉传感器安装位置。找到位置后,在图5-4-12中圈出对应安装位置。

图5-4-12 视觉传感器安装位置

1. 拆卸视觉传感器

本任务以单目视觉传感器为例,对车辆单目视觉传感器进行拆卸。参照维修手册,按照标准步骤完成单目视觉传感器的拆卸,并在表5-4-6中总结出操作要点。

视觉传感器拆卸   表5-4-6

序号	操作内容	注意事项	操作要点
1	铺设车辆防护用品	按需铺设,电动车辆应铺设绝缘防护	
2	拆卸车辆相关附件	按标准流程进行拆卸	
3	拆卸摄像头固定螺栓	摄像头由2颗螺栓固定	
4	解开摄像头的线束固定扎带以及扎带固定座	记录好线束固定位置,若无法顺利解开扎带,可以用剪刀剪断,注意不要损伤线束	
5	断开摄像头与车辆之间的连接线束	—	

2. 安装视觉传感器

本任务以单目视觉传感器为例,对车辆单目视觉传感器进行安装。参照维修手册,按照标准步骤完成单目视觉传感器的安装,并在表5-4-7中总结出操作要点。

视觉传感器安装   表5-4-7

序号	操作内容	注意事项	操作要点
1	连接摄像头与车辆之间的连接线束	上位机有多个USB插口,无须注意位置	
2	按照摄像头的线路走线,利用扎带以及扎带固定座固定摄像头线束	调整线束长度,使摄像头能够安装到规定的固定位置	
3	紧固摄像头固定螺栓	摄像头由2颗螺栓固定	
4	安装车辆相关附件	按标准步骤安装	
5	整理及恢复	撤去相应防护用品	

任务3 视觉传感器测试

本任务以单目视觉传感器为例,对车辆单目视觉传感器进行测试。根据上述知识内容及相关维修手册,按照标准步骤完成单目视觉传感器的测试,见表5-4-8。

视觉传感器测试   表5-4-8

序号	操作项目	操作内容	注意事项	操作要点
1	棋盘测试制作	—	通过A4纸打印出即可	
2	获取依赖包和驱动	输入:rosdep install camera_calibration	一般情况下,在安装完ros-deaktop-full版本之后,上面的ros包和驱动已经安装好了	
3	启动摄像头	依次输入:source devel/setup.bash(配置环境变量),Roslaunch usb_cam usb_cam-test.launch(打开摄像头),rostopic list(证明摄像头打开后已发出相应topic)	说明摄像头已经发布,此时会出现如下信息主题:/usb_cam/camera_info /usb_cam/image_raw	

续上表

序号	操作项目	操作内容	注意事项	操作要点
4	执行测试程序	输入：rosrun camera_calibration cameracalibrator.py − −size 8x6 − −square 0.108 image：=/usb_am/image_raw camera：=/usb_cam	cameracalibrator.py 测试程序需要以下几个输入参数。(1)size：测试棋盘格的内部角点个数，这里使用的棋盘一共有 8 行，每行有 6 个内部角点；(2)square：这个参数对应每个棋盘格的边长，单位是 m；(3)image 和 camera：设置摄像头发布的图像话题。 　根据使用的摄像头和测试靶棋盘格尺寸，相应修改以上参数，即可启动测试程序	
5	若未出现上述窗口，可执行下面指令	− −no-service-check	—	
6	将测试板放置在摄像头视野范围内	—	x：测试板左右移动；y：测试板上下移动；size：测试板前后移动；skew：测试板在倾斜转动	
7	当"calibrate"按钮激活时，点击按钮并等待至系统提示	—	点击"SAVE"保存到默认路径下。点击"commit"提交	

通过计算机检测程序，对已安装测试的视觉传感器进行功能验证，确认视觉传感器已正确安装并可以正常使用。参照维修手册，按照表 5-4-9 中标准步骤完成视觉传感器的功能验证。

视觉传感器功能验证　　　　　　　　　　　　　　　　　　　表 5-4-9

序号	操作项目	操作内容	操作要点
1	启动 roscore	输入：roscore	
2	启动摄像头驱动	依次输入：cd KnowHow/can_ws/source devel/setup. bashroslaunch，robot_vision usb_cam_640_360. launch	
3	启动图形化界面	输入：rqt_image_view	
4	效果验证	—	

🕘 **任务评价**

完成表 5-4-10 所示学习情境评价表。

视觉传感器原理与装调学习情境评价表 表 5-4-10

基本信息	姓名		学号		班级		组别	
	角色		任务			目标		
	规定时间		完成时间		考核日期		总评成绩	

考核内容	序号	实训步骤	评分标准	分值（分）	自评（分）	互评（分）	师评（分）	综合评分（分）
	1	准备工作	实训前期检查是否全面、到位	10				
	2	检查并穿戴防护用具,检查工具	检查是否全面规范穿戴护具,工具是否规范	10				
	3	视觉传感器的故障检测	操作是否规范,步骤是否正确	15				
	4	视觉传感器的拆卸与安装	操作是否规范,步骤是否正确	15				
	5	视觉传感器测试	操作是否规范,步骤是否正确	15				
	6	7S 管理	整理、整顿、清扫、清洁、素养、安全、节约	10				
	7	团队协作	成员是否配合默契	10				
	8	沟通表达	是否能沟通交流,是否正确表达意思	10				
	9	工单填写	填写是否正确规范	5				

教师评语	

任务总结

```
                                什么是视觉传感器 ── 将图像信息转换为电信号的传感器
                                视觉传感器特点 ── 可识别图像信息、抗干扰、适应能力强
                    视觉传感器检测   视觉传感器的分类方式 ── 按视野覆盖位置、传感器模块、芯片类型分类
                                视觉传感器应用 ── 前视、后视、侧视、内置传感器的不同应用
                                视觉传感器的连接方式 ── 视觉传感器的控制逻辑及接线方式
                                视觉传感器的测量方法 ── 测量视觉传感器的相关线束

视觉传感器                        视觉传感器组成 ── 由光源、镜头、图像传感器、模数转换器、
检测与更换                                        图像处理器、图像存储器等组成
                    视觉传感器更换   视觉传感器技术参数 ── 像素、帧率、靶面尺寸、感光度、信噪比、
                                                   电子快门、畸变、视场角、焦距等
                                常见视觉传感器安装位置 ── 根据功能不同安装在不同位置
                                视觉传感器如何更换 ── 视觉传感器的拆装步骤

                    视觉传感器测试   视觉传感器的测试原理 ── 视觉传感器内参标定消除畸变，外参标定对齐坐标
                                视觉传感器的测试流程
```

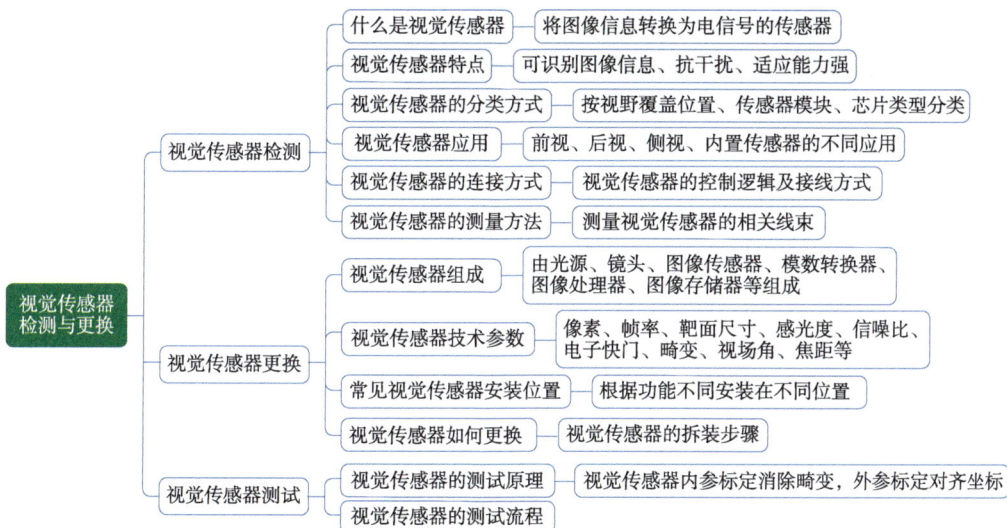

请写出完成本次任务的反思。

_____

_____

课后练习

一、单项选择题

1.行人识别常用的传感器是(　　)。

A.超声波传感器　　B.毫米波雷达　　C.激光雷达　　D.视觉传感器

2.通常用(　　)来描述视觉传感器的性能。

A.亮度　　B.图像分辨率　　C.灰度　　D.清晰度

3.视觉传感器标定是通过图像与现实世界的转换数学关系,找出其定量的联系,从而在图像中实现与现实世界(　　)的数据。

A.相一致　　B.同距离　　C.同颜色　　D.同方向

4.(　　)主要用于感知车辆前方道路车道线状况,并将感知信号从模拟信号转变为数字信号。

A.摄像头　　B.超声波传感器　　C.毫米波雷达　　D.激光雷达

5.视觉传感器有分辨率和(　　)两个非常重要的参数。

A.像素　　B.有效像素　　C.摄像头数目　　D.摄像头质量

二、填空题

1.视觉传感器的图像传感器类型包括 CCD 和_____。

2.视觉传感器按视野覆盖位置分类,可分为前视视觉传感器、侧视视觉传感器、后视视觉传感器、_____。

3.视觉传感器的具体功能及安装位置中,_____是用来当前视摄像头检测到车辆即

将偏离车道线时,会发出警报。

4.视觉传感器一般由光源、镜头、_____、模数转换器、图像处理器、图像存储器等组成。

5.视觉传感器的主要工作是采集环境图像并将图像输出为_____信号,提供给视觉系统进行处理。

三、判断题

1.视觉传感器图像处理单元的主要作用是识别道路、车辆、行人等。 （ ）

2.视觉传感器一般由光源、镜头、图像传感器等组成。 （ ）

3.视觉传感器的图像数字化是将数字图像转换为模拟图像的过程。 （ ）

4.视觉传感器图像处理单元的主要作用是将信息传输至执行单元。 （ ）

5.视觉传感器是环境感知系统的重要组成部分,主要提供视觉信息。 （ ）

项目六

定位与惯性导航传感器原理与装调

学习目标

❖ 知识目标

1. 了解定位与惯性导航传感器的组成及定位原理。
2. 熟悉定位与惯性导航传感器的特点及分类。
3. 熟悉定位与惯性导航传感器的应用。

❖ 技能目标

1. 能够选用合适的工具、设备,完成定位与惯性导航传感器线路检修作业。
2. 能够使用专业设备,完成定位与惯性导航传感器的测试。
3. 能够按照要求,完成更换定位与惯性导航传感器的准备工作。
4. 能够使用拆装工具,完成定位与惯性导航传感器的更换作业。

❖ 素养目标

1. 能提升思考、处理和分析问题的能力。
2. 能够自觉遵守法律、法规以及技术标准规定。
3. 能弘扬工匠精神,具有认真负责的态度以及持之以恒、精益求精的精神。
4. 能够与同学和教师建立良好的合作关系,具有良好的团队协作精神。
5. 能够在实际操作过程中,培养动手实践能力,重视培养质量意识、安全意识、节能环保意识、规范操作意识及创新意识。

学习任务一　卫星定位系统原理与装调

任务导入

你是宇通智能网联汽车的售后维修技师,车辆导航功能出现了问题,需要对卫星定位系统进行维修检测和拆装。请你在遵守车辆检测安全规则的情况下,制订合理的方案,完成卫星定位系统的检测,如果必要的话,还需要进行旧件拆卸和新件安装。希望你通过这次实践,不仅学会如何操作,更能体会到作为一名技师的责任和乐趣。准备好了吗?让我们开始吧!

任务资讯

一、卫星定位技术概述

卫星定位是一种使用卫星对某物体进行准确定位的技术,以人造地球卫星作为导航台,为全球海陆空的各类军民载体提供全天候、高精度的位置、速度和时间信息。在任意时刻、地球上任意一点都可以同时观测到 4 颗卫星,以便用户实现导航、定位、授时等功能。

什么是全球定位

全球导航卫星系统(Global Navigation Satellite System,GNSS)就是一种能在地球表面或近地空间的任何地点为用户提供全天候三维坐标、速度以及时间信息的空基无线电导航定位系统。目前,世界上著名的卫星导航系统有美国的全球定位系统(Global Positioning System,GPS)、俄罗斯的全球导航卫星系统(Global Navigation Satellite System,GLONASS)、中国的北斗导航卫星系统(Beidou Navigation Satellite System,BDS)以及欧盟的伽利略卫星导航系统(Galileo Satellite Navigation System)。其中,GPS 最成熟,BSD 已经超过 GLONASS,而GALILEO 还未完成组网。各卫星定位系统的发展历程见表6-1-1。

各卫星定位系统发展历程　　　　　　　　　　　　　表 6-1-1

系统	GPS	BDS	GLONASS	GALILEO
研制国家和地区	美国	中国	俄罗斯	欧盟
首次发射时间	1985 年	1994 年	2000 年	2011 年
卫星总数	28 颗(4 颗备用)	55 颗	30 颗(4 颗备用)	30 颗(3 颗备用)
定位使用卫星数	4 星	双星	3 星	3 星
应用时间	1994 年	2000 年北斗一号,2012 年北斗二号,2020 年北斗三号	2016 年(早期工作能力)	2016 年(早期工作能力)
竞争优势	成熟	开放且具备短信通信功能	抗干扰能力强	精度高

二、卫星定位系统的组成

以 BDS 为例,卫星定位系统一般由空间段、地面段和用户段三大部分构成,如图 6-1-1 所示。BDS 是我国自主研发、独立运行的全球卫星导航系统,是一个复杂且精密的系统,各主要组成部分各司其职,共同为全球用户提供精准可靠的定位、导航和授时服务。

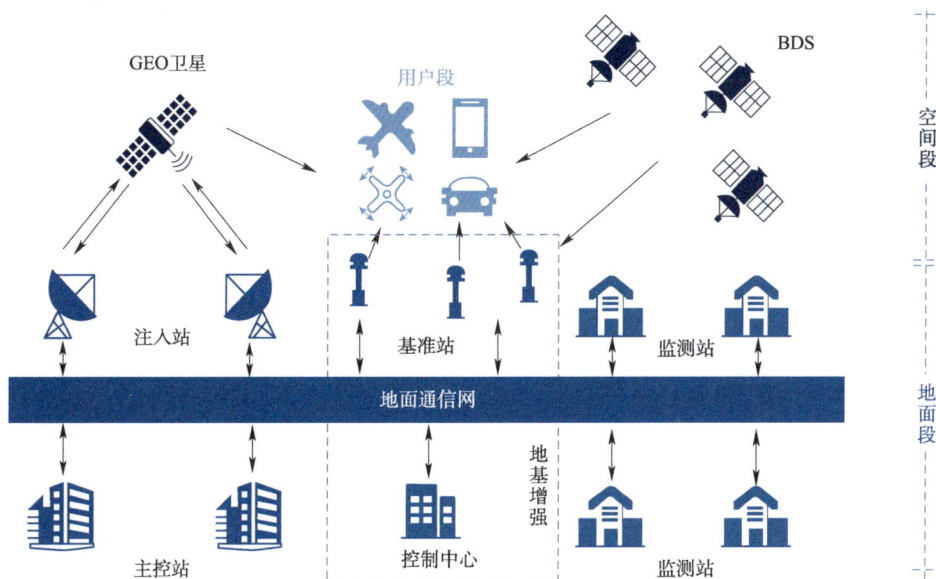

图 6-1-1　北斗卫星导航系统组成

1. 空间段

空间段是北斗卫星定位系统的核心部分,主要由三种轨道的卫星组成,包括地球静止轨道(GEO)卫星、倾斜地球同步轨道(IGSO)卫星和中圆地球轨道(MEO)卫星。

(1)地球静止轨道卫星。

地球静止轨道卫星是北斗系统的重要组成部分,其轨道高度约为 35786km,轨道倾角为 0°。这些卫星相对地球静止,能够持续为地球表面的某一固定区域提供服务。GEO 卫星的主要作用是提供稳定的信号覆盖,尤其是在亚太地区,其信号强度和稳定性较高,能够为用户提供可靠的定位服务。此外,GEO 卫星还承担着部分通信和数据传输的功能,为北斗系统的短报文通信服务提供了支持。

(2)倾斜地球同步轨道卫星。

倾斜地球同步轨道卫星的轨道高度与 GEO 卫星相同,但其轨道倾角通常为 55°左右。IGSO 卫星的运行轨迹呈"8"字形,能够覆盖更广泛的区域,尤其是在中低纬度地区。这种卫星的设置弥补了 GEO 卫星在某些区域的覆盖不足,提高了北斗系统在全球范围内的可用性。IGSO 卫星的另一个重要特点是其能够提供更稳定的信号,在某些特定区域的信号强度甚至优于 GEO 卫星。

(3)中圆地球轨道卫星。

中圆地球轨道卫星是 BDS 实现全球覆盖的关键组成部分,其轨道高度约为 21528km,轨道倾角为55°。MEO卫星的运行速度较快,能够在较短的时间内覆盖全球范围。这些卫星的数量较多,通常有24颗左右,均匀分布在多个轨道平面上。MEO卫星的主要作用是提供高精度的定位服务,其信号覆盖范围广,能够满足全球用户的需求。此外,MEO卫星还能够与其他轨道的卫星协同工作,提高系统的整体性能。

2. 地面段

地面段是BDS的控制中枢,负责对卫星进行监测、控制和数据处理。地面段由主控站、时间同步/注入站、监测站和星间链路运行管理设施等组成。

(1)主控站。

主控站是整个地面段的核心,负责收集各个监测站的跟踪数据,计算卫星轨道和时钟参数,并将这些参数通过地面天线发送给卫星。它还负责管理、协调整个地面控制系统的工作,确保系统的正常运行。主控站的设备包括高性能计算机、数据处理软件和通信设备等,能够实时处理大量的数据,并对卫星的运行状态进行精确的监控。

(2)时间同步/注入站。

时间同步/注入站的主要任务是向卫星注入导航电文和其他关键数据,确保卫星能够准确地播发信号。这些站点配备了高精度的原子钟和数据传输设备,能够将精确的时间信息和导航数据发送给卫星。时间同步/注入站的分布通常较为广泛,以确保能够覆盖所有卫星的轨道。

(3)监测站。

监测站分布在全球多个地点,配备高精度的北斗接收机、原子钟和气象参数测试仪。它们的主要任务是接收卫星信号,监测卫星的运行状态,并将数据传输回主控站。监测站的数据对于卫星轨道的精确计算和误差修正至关重要,能够有效提高系统的定位精度。此外,监测站还能够实时监测卫星信号的质量,及时发现并处理可能出现的问题。

(4)星间链路运行管理设施。

北斗三号卫星系统引入了星间链路技术,通过卫星之间的直接通信,实现卫星状态的实时监控和数据传输。星间链路运行管理设施负责管理和协调星间链路的运行,确保卫星之间的通信畅通。这种技术减少了对境外地面站的依赖,提高了系统的自主性和可靠性。

3. 用户段

用户段是BDS的终端部分,直接服务于各类用户。用户段包括基础产品、终端设备和应用系统与服务。

(1)基础产品。

基础产品是用户段的核心组成部分,包括北斗接收机、天线、芯片和模块等。这些产品可以单独使用,也可以与其他卫星导航系统兼容,提供更精准的定位服务。北斗接收机是用户段的关键设备,其性能直接影响到定位的精度和可靠性。现代北斗接收机通常具备高灵敏度、多频段接收和抗干扰能力,能够满足不同用户的需求。

(2)终端设备。

终端设备是用户直接使用的设备,如车载导航仪、智能手机、手持终端等。这些设备通过接收北斗卫星信号,为用户提供定位、导航、授时等功能。随着技术的发展,北斗终端设备的种类和功能不断增加,其应用范围也越来越广泛。例如,车载导航仪可以为驾驶人提供实时的路况信息和最优行驶路线;智能手机则可以通过内置的北斗芯片,为用户提供精准的位置服务。

(3)应用系统与服务。

用户段还包括各种应用系统和服务,如交通管理、海洋渔业、气象预报、应急救援等。BDS不仅提供基本的定位服务,还结合短报文通信功能,为用户提供了更多增值服务。例如,在海洋渔业中,BDS可以为渔民提供定位和通信服务,帮助他们更好地规划捕鱼路线和进行海上救援;在应急救援中,BDS可以快速定位受灾地点,为救援人员提供准确的导航信息。

三、卫星定位系统的工作原理

卫星定位的基本原理是三角定位原理。卫星信号接收器根据卫星信号传输至接收器的时间来计算接收器至卫星的距离,再通过与多颗卫星的距离及对应每颗卫星的位置,即可计算出接收器相对卫星的实际位置。为满足计算需求,卫星信号接收器至少需要同时接收到 3 颗卫星信号。但由于参数误差,实际使用中需要利用 4 颗以上的卫星信号,才可得到精准的位置信息。

定位与导航系统实例

三卫星定位时,以卫星为球心,卫星至接收器距离为半径,分别计算出三个球形面,三球面相交的位置即为接收器的实际位置,如图 6-1-2 所示。三卫星定位在无误差的前提下即可测算出接收器的精准位置,但由于测距原理,实际过程中接收机的时钟差难以精准地确定,无法保证接收机与卫星时钟的严格同步,故此测算精度将大大降低。因此,引入第四颗卫星,即四卫星定位,用以提高定位精度。四卫星定位测算方法为将时钟差作为一个未知参数,与位置坐标(x, y, z)一起共 4 个未知参数进行求解,这样可有效地降低时钟差引发的误差,得到更为精准的定位信息,如图 6-1-3 所示。

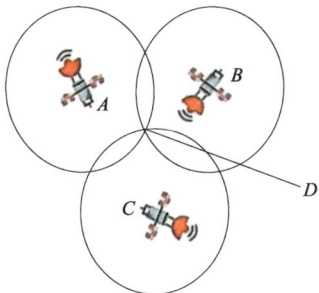

图 6-1-2　三卫星定位　　　　图 6-1-3　四卫星定位

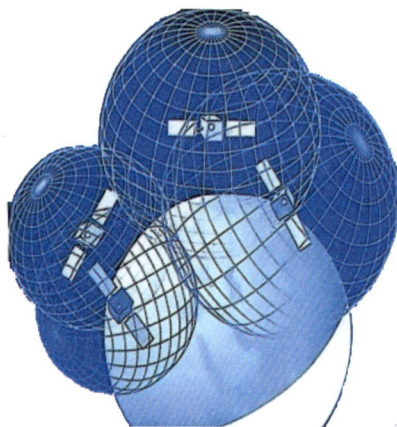

由于卫星定位依赖于信号的传递,使用过程中有多种因素会对信号传递造成干扰,降低定位的精准度。为降低误差对于定位精度的影响,故采用差分定位,通过补偿算法降低甚至消除误差,从而提高定位精度。

四、差分定位系统

差分北斗导航卫星系统(DG-BDS)是基于北斗导航卫星系统的一种高精度定位技术,通过在已知精确位置的基准站上安装北斗接收机,计算出基准站到卫星的伪距与真实距离之间的差值(改正数),并将这些改正数发送给移动用户,从而提高定位精度。差分定位的基本原理是在一定范围内设置一台已知精确坐标的接收机作为基准站,该基准站将通过卫星信号测量或计算所得的信息与存储的信息进行比对,测量出定位差值,进而得到位置的校正量。基准站将测算到的校正量发送给范围内的流动站即用户设备,从而大大提高用户设备的定位精准度。

1. DG-BDS 组成

DG-BDS 主要由基准站、数据传输设备和移动站组成,如图 6-1-4 所示。

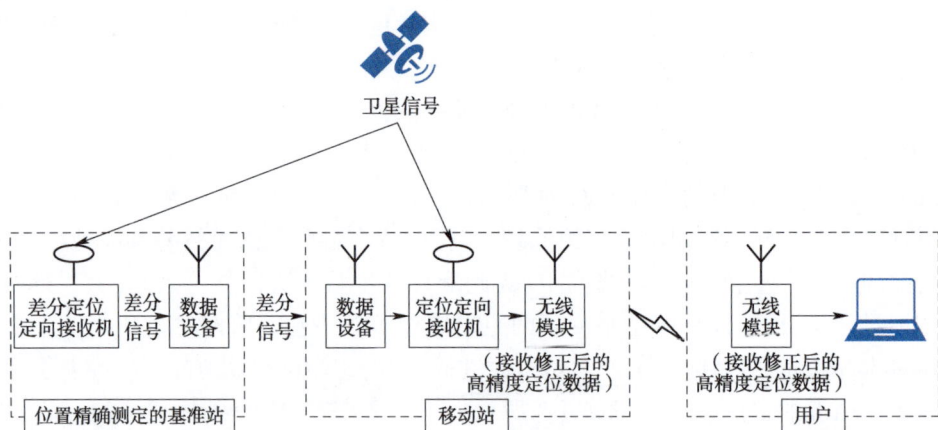

图 6-1-4 　DGPS 组成

DG-BDS 实际上是把一台定位定向接收机放在位置已精确测定的点上,组成基准站。基准站接收机通过接收北斗卫星信号,将测得的位置与该固定位置的真实位置差值作为公共误差校正量,通过无线数据传输设备将该校正量传送给移动站的接收机。移动站的接收机用该校正量对本地位置进行校正,最后得到厘米级的定位精度。附近的 DG-BDS 用户接收到修正后的高精度定位信息,从而大大提高其定位依据。

移动站与基准站的距离可以直接影响 DG-BDS 的效果,当移动站与基准站距离越近,同一卫星信号到这两个站点的传播途径越短,两站点之间测量误差的相关性就越强,从而 DG-BDS 性能会越好。

2. DG-BDS 类型及原理

根据 DG-BDS 基准站发送的信息方式可将 DG-BDS 定位分为三类,即位置差分、伪距差分和载波相位差分。

这三类差分方式的工作原理是相同的,都是由基准站发送改正数,由移动站接收并对其测量结果进行改正,以获得精确的定位结果。所不同的是,发送改正数的具体内容不一样,其差分定位精度也不同。

（1）位置差分。

位置差分是最简单的差分方法,适用于所有定位定向接收机。位置差分要求基准站和移动站观测同一组卫星。安装在基准站上的定位定向接收机观测 4 颗卫星后便可进行三维定位,解算出基准站的观测坐标。由于存在着轨道误差、时钟误差、大气影响、多径效应以及其他误差等,解算出的观测坐标与基准站的已知坐标是不一样的,存在误差。将已知坐标与观测坐标之差作为位置改正数,通过基准站的数据传输设备发送出去,由移动站接收,并且对其解算的移动站坐标进行改正。最后得到的改正后的移动坐标已消去了基准站和移动站的共同误差,如卫星轨道误差、大气影响等,提高了定位精度。位置差分法适用于用户与基准站间距离在 100km 以内的情况,如图 6-1-5 所示。

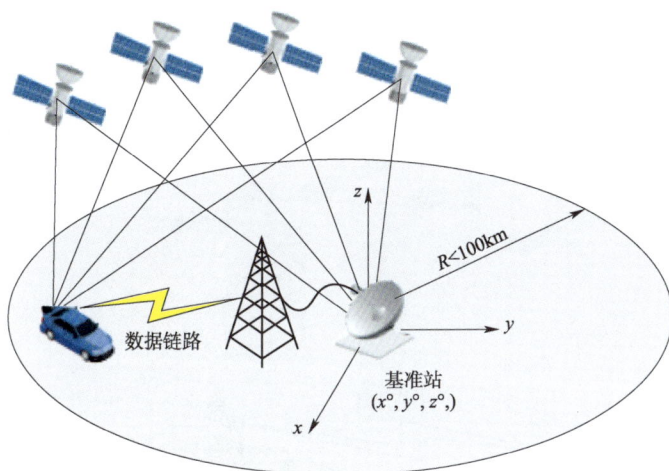

图 6-1-5　位置差分示意

（2）伪距差分。

伪距差分是目前应用最广的一种定位技术。几乎所有的商用 DG-BDS 接收机均采用这种技术。利用基准站已知坐标和卫星星历可计算出基准站与卫星之间的计算距离,将计算距离与观测距离之差作为改正数,发送给移动站,移动站利用此改正数来改正测量的伪距。最后,用户利用改正后的伪距来解出本身的位置,即可消除公共误差,提高定位精度,如图 6-1-6 所示。

与位置差分相似,伪距差分能将两站公共误差抵消,但随着用户到基准站距离的增加又出现了系统误差,这种误差用任何差分法都是不能消除的。用户和基准站之间的距离对精度有决定性影响。

（3）载波相位差分。

位置差分技术与伪距差分技术都能基本满足定位导航等的精度需求,但是在车联网和自动驾驶领域还远远不能达到要求,从而促使发展出更加精准的 DG-BDS 技术,即载波相位差分技术,也可以称为实时动态差分技术(Real Time Kinematic,RTK)。RTK 是一种利用接收机实时观测卫星信号的载波相位技术,将数据通信技术与卫星定位技术相结合,采用实时解算和数据处理的方式,能够实现为移动站提供在坐标系的三维坐标(经度、纬度、高度),可在极短的时间内达到厘米级的高精度,如图 6-1-7 所示。

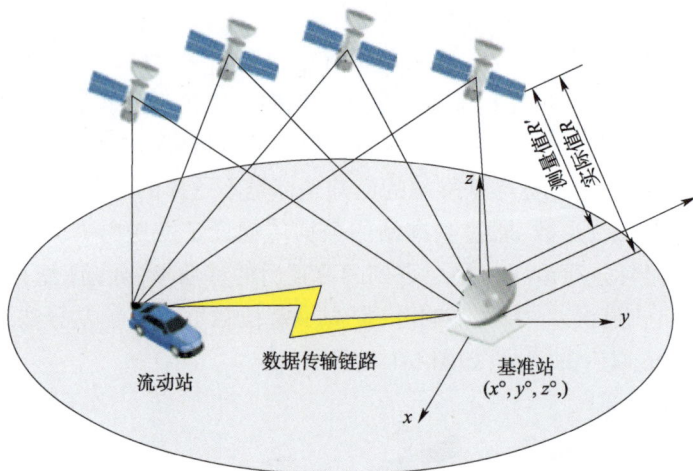

图 6-1-6　伪距差分示意

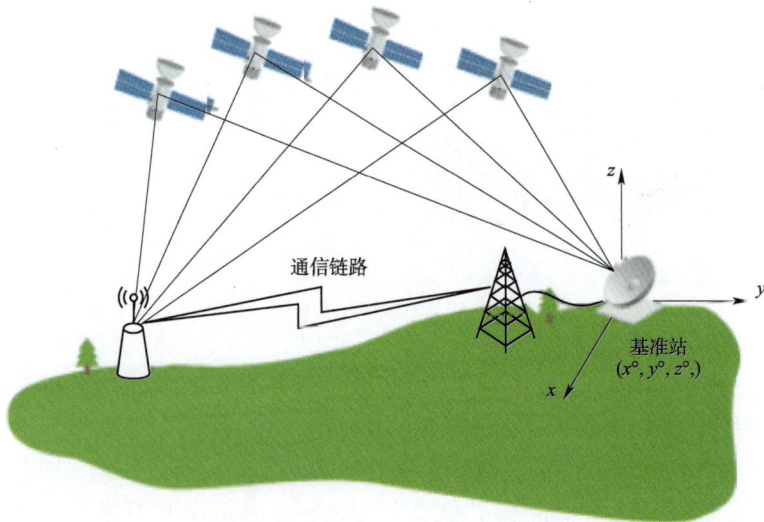

图 6-1-7　载波相位差分示意图

与伪距差分原理相同,由基准站通过数据传输设备实时将其载波观测量及站坐标信息一同传送给移动站。移动站接收卫星的载波相位与来自基准站的载波相位,并组成相位差分观测值进行实时处理,能实时给出厘米级的定位结果。实现载波相位差分 BDS 的方法有修正法和差分法。前者与伪距差分相同,基准站将载波相位修正量发送给移动站,以改正载波相位,然后求解坐标,是准载波相位差分技术;后者将基准站采集的载波相位发送给移动站,进行求差解算坐标,是真正的载波相位差分技术。

五、卫星定位系统的特点

1. BDS 的优点

(1)全球覆盖与全天候服务。北斗系统通过其独特的星座构型(包括地球静止轨道卫星、倾斜地球同步轨道卫星和中圆地球轨道卫星),实现了全球范围内的覆盖。无论用户身处何地,只要在北斗卫星的覆盖范围内,都可以获得连续、稳定的定位、导航和授时服务。这种全球覆盖能力使得北斗系统能够满足全球用户的需求,尤其是在偏远地区或海洋等传统导航手段难以覆盖的区域。

(2)高精度定位能力。北斗系统在亚太地区能够提供亚米级甚至厘米级的定位精度。通过差分定位技术(如 DG-BDS)和实时动态定位技术(RTK),北斗系统可以进一步提高定位精度,满足高精度应用的需求。这种高精度定位能力在智能交通、精准农业、工程测绘、地质灾害监测等领域具有重要的应用价值。

(3)短报文通信功能。北斗系统独有的短报文通信功能是其一大特色。用户可以通过北斗终端发送和接收简短的文字信息,这种功能在紧急救援、海洋渔业等场景中具有重要作用。例如,在海上遇险时,渔民可以通过北斗终端发送求救信息,救援人员能够快速定位并实施救援。短报文通信功能不仅增强了北斗系统的实用性,还为用户提供了更多的增值服务。

(4)自主可控与安全性。北斗系统是我国自主研发的卫星导航系统,具有完全自主知识产权。这意味着我国在卫星导航领域不再依赖国外系统,能够自主控制和管理卫星导航服务。这种自主可控性不仅保障了国家安全,还为我国在国际卫星导航领域赢得了话语权。

(5)兼容性与互操作性。北斗系统在设计上与其他全球卫星导航系统(如 GPS、GLO-NASS)兼容,用户可以同时使用多个系统的卫星信号,进一步提高定位的可靠性和精度。这种兼容性使得北斗系统能够更好地融入全球卫星导航体系,为用户提供更优质的服务。

(6)快速定位与短观测时间。北斗系统的定位速度较快,用户在短时间内即可获得准确的位置信息。对于一些需要快速定位的应用场景(如自动驾驶、应急救援等),北斗系统的这一优势尤为重要。此外,北斗系统的观测时间较短,能够快速完成定位计算,提高了工作效率。

(7)高可靠性和稳定性。北斗系统的卫星星座设计和地面控制系统的优化,使其具有较高的可靠性和稳定性。卫星之间的星间链路技术进一步增强了系统的自主性和可靠性,减少了对境外地面站的依赖。这种高可靠性和稳定性使得北斗系统能够在各种复杂环境下稳定运行,为用户提供持续的服务。

2. BDS 的缺点

(1)信号覆盖与遮挡问题。尽管北斗系统实现了全球覆盖,但在一些特殊环境下(如城市峡谷、山区、森林等),卫星信号可能会受到建筑物、树木等障碍物的遮挡,导致信号强度减弱或信号中断。这会影响定位的准确性和可靠性,尤其是在需要高精度定位的场景中。

(2)系统复杂性与成本。北斗系统的建设、维护和运营需要大量的资金和技术投入。卫星的发射、地面控制系统的建设以及用户设备的研发等都需要较高的成本。此外,北斗系统的复杂性也增加了系统的维护难度和运营成本。

(3)技术成熟度与国际竞争。与 GPS 等成熟系统相比,北斗系统在技术成熟度和应用范围上仍存在一定差距。虽然北斗系统在亚太地区具有较高的精度和性能,但在全球范围内的应用推广仍面临挑战。国际竞争也较为激烈,其他卫星导航系统也在不断优化和升级,这给北斗系统的国际化发展带来了一定的压力。

（4）用户设备的普及度。北斗系统的用户设备（如接收机、芯片等）的普及度相对较低，尤其是在一些发达国家和地区。用户设备的性能和兼容性也存在一定的差异，这可能会影响用户的使用体验和定位精度。此外，北斗系统的用户设备价格相对较高，也在一定程度上限制了其市场推广。

（5）数据处理与传输延迟。在差分定位和实时动态定位等高精度应用中，数据处理和传输的延迟可能会影响定位的实时性和精度。基准站与移动用户之间的数据链路需要具备高带宽和低延迟的特性，以确保改正数能够及时、准确地传输给用户。在一些偏远地区或网络覆盖不好的地方，数据传输延迟可能会成为限制定位精度的一个重要因素。

（6）国际标准与认证。北斗系统在国际标准制定和认证方面仍需进一步加强。虽然北斗系统已经获得了国际民航组织（ICAO）等国际机构的认可，但在一些关键领域（如航空、航海等）的应用仍需满足相关的国际标准和认证要求。这需要北斗系统在技术性能、安全性、可靠性等方面不断提升，以满足国际市场的需要。

> 想一想：
> DBS 具有哪些特点和优势？

六、卫星定位系统在智能汽车中的应用

随着智能汽车技术的发展，卫星定位系统在智能汽车中的应用越来越广泛，为车辆提供精确的位置、速度及时间信息，是实现智能汽车自主导航、路径规划、监控和辅助驾驶的关键技术之一。

1. 车辆导航

智能汽车通过卫星定位系统获取实时位置信息，并结合内置的地图数据和路径规划算法，能够自主规划并跟踪最佳行驶路线。在行驶过程中，系统还能根据路况变化或偏离路线的情况自动重新规划路线，提供语音提示和屏幕显示，为驾驶人提供准确的导航指引。

2. 车辆追踪与防盗

卫星定位系统可用于车辆的追踪和防盗。一旦车辆被盗，车主可以向相关部门报案并提供 BDS 设备编号和密码。通过互联网，相关部门可以实时跟踪被盗车辆的位置，迅速定位并找回车辆。此外，车主还可以设定电子围栏，对车辆进行实时监控和管理，提高车辆的安全性。

3. 辅助驾驶

卫星定位系统与车辆其他传感器相结合，可为智能汽车提供辅助驾驶功能，如车道偏离预警、前碰撞预警、自适应巡航控制等。这些功能有助于降低驾驶人的疲劳程度，提高行车安全性。

4. 远程控制

结合智能手机 App 等远程控制系统，车主可以通过卫星定位系统实现对车辆的远程控

制,包括车门锁定、解锁及发动机起动、熄火等操作,提高了车辆控制的便捷性和安全性。

5. 油耗监测

卫星定位系统还可以连接汽车的 OBD(车载诊断)接口,记录加油信息和行驶数据,计算平均和综合油耗。这有助于车主了解车辆的油耗情况,优化驾驶习惯,降低燃油成本。

6. 货物监控与管理

在物流运输领域,卫星定位系统可以连接传感器监测货物的温度、湿度等参数。这有助于确保货物在运输过程中的安全性和质量稳定性。

7. 环境保护

卫星定位系统可以帮助智能汽车实现节能减排。通过分析车辆行驶数据,系统可以优化发动机燃烧效率,降低油耗和排放。同时,卫星定位系统还能监测车辆排放状况,为生态环境部门提供数据支持。

七、我国北斗卫星导航系统的发展历程

北斗卫星导航系统,作为中国自主建设、独立运行的全球卫星导航系统,其发展历程不仅是中国科技进步的缩影,更是国家自立自强、创新发展的生动体现,从蹒跚起步到服务全球,北斗卫星导航系统走过了不平凡的道路。

20 世纪 70 年代,面对国内经济和技术的双重挑战,中国科学家陈芳允院士创新性地提出了双星定位的设想,为北斗卫星导航系统的建设奠定了理论基础。随后,北斗系统工程首任总设计师孙家栋院士进一步组织研究,提出了"三步走"发展战略,明确了中国卫星导航系统的建设目标和路径。

在这一阶段,中国科学家和工程师们克服重重困难,自主创新,成功发射了北斗一号系统。这一系统不仅为中国用户提供了定位、授时、广域差分和短报文通信服务,还巧妙设计了双向短报文通信功能,实现了通导一体化,这是北斗导航系统的独创之处。北斗一号的成功发射,标志着中国成为继美国、俄罗斯之后第三个拥有卫星导航系统的国家,初步满足了中国及周边区域的定位导航授时需求。

进入 21 世纪,中国启动了北斗二号系统的建设。北斗二号在兼容北斗一号技术体制的基础上,增加了无源定位体制,为亚太地区提供更加全面、精准的定位、测速、授时和短报文通信服务。同时,北斗二号采用了中高轨混合星座架构,为全世界发展卫星导航系统提供了全新范式。

在这一阶段,中国卫星导航系统的建设速度突飞猛进。科研人员不断攻克技术难关,提高卫星性能和服务水平。通过多年的努力,中国成功完成了 14 颗卫星的发射组网,实现了亚太地区的全覆盖。北斗二号的成功建设,不仅提升了中国在国际卫星导航领域的地位,也为后续北斗三号系统的建设奠定了坚实基础。

2009 年,中国启动了北斗三号系统的建设。北斗三号系统要实现全球导航服务的目标,就必须与世界其他卫星导航系统同台竞技。因此,科研人员在信号体制上进行创新性设计,同时对影响信号质量性能的设备进行攻关,攻克了一系列关键技术难题。

在这一阶段,中国卫星导航系统的建设速度再次刷新了世界纪录。科研人员以平均每个月 1.2 颗卫星的发射密度,成功将 28 颗北斗三号组网卫星和 2 颗北斗二号备份卫星送入预定轨道。同时,为确保卫星上使用的产品都是自主可控的,我国元器件、单机产品研制单位攻坚克难,实现了卫星产品的全部中国制造。

如今,经过北斗科研团队的艰苦努力,北斗三号全球卫星导航系统已全面建成并开通。该系统正在向全球提供安全可靠、连续稳定的高精度导航定位与授时服务。这一成就不仅标志着中国在全球卫星导航领域取得了重大突破,也为世界卫星导航事业的发展作出了重要贡献。

> **想一想:**
> 查询更多的资料,与同学分享我国北斗卫星导航系统发展的最新趋势。

任务实施

一、任务准备

准备卫星定位系统测量所需的用品和工具设备,见表6-1-2。

工作准备　　　　　　　　　　　　　　　　　　　　　　表 6-1-2

类别	所需物料
车辆防护用品	绝缘垫(编号)、隔离带、高压警示牌、绝缘手套、绝缘鞋、护目镜、车内防护用品、翼子板布
测试仪器、设备	万用表、拆装工具套装、水平测量仪、卷尺、直尺、实训车辆、计算机

二、实操演练

任务1　卫星定位系统的故障检测

1. 卫星定位系统的硬件检查

以实训车辆为例,检查车辆定位系统外观及安装状态,检查内容见表6-1-3。

卫星定位系统外观及安装状态检查　　　　　　　　　　表 6-1-3

序号	检查项目	检查内容	是否正常	维修意见
1	GNSS 天线外观	外壳是否破损	是□　否□	更换 GPS 天线
		是否有进水痕迹	是□　否□	
		是否有敲击痕迹	是□　否□	
2	GNSS 接收机外观检查	外壳是否破损	是□　否□	更换导航模块
		是否有进水痕迹	是□　否□	
		是否有敲击痕迹	是□　否□	

序号	检查项目	检查内容	是否正常	维修意见
3	安装位置检查	GNSS 天线安装位置是否正确	是☐　否☐	重新安装调整
		GNSS 天线附近有无干扰源	是☐　否☐	
		导航模块安装位置是否正确	是☐　否☐	
		安装是否紧固	是☐　否☐	
		固定底座是否变形	是☐　否☐	
4	卫星定位系统线束接口	接口是否存在虚接、破损、进水以及异物等情况	是☐　否☐	更换或修复
5	卫星定位系统线束	线束是否存在破损、折断、烧蚀等情况	是☐　否☐	更换或修复

2. 拆画电路图

查阅相关维修手册,在下框中画出卫星定位系统相关电路图。

3. 测量定位系统线路

以实训车辆为例,测量车辆定位系统数据,并将检测结果及维修建议填入表 6-1-4 中。

卫星定位系统线路测量　　　　　　　　　　　　　　表 6-1-4

序号	检测项目	检测内容	检测工具	检测结果	标准值	是否正常	维修建议
1	供电线路	电压	万用表		12V	是☐　否☐	
2	搭铁线路	电阻	万用表		<1Ω	是☐　否☐	
3	GPS 信号(前)	电阻	万用表		<1Ω	是☐　否☐	
4	GPS 信号(后)	电阻	万用表		<1Ω	是☐　否☐	
5	网线	通断	网线检测仪		信号导通	是☐　否☐	

4. 维修结果检验

根据表 6-1-4 测量结果对故障部位进行维修,维修后重新对该功能进行检验,并将检验结果记录在表 6-1-5 中。

维修结果检验 表 6-1-5

检查项目	检查结果	操作要点
卫星定位系统线路是否恢复正常	是□ 否□	
卫星定位系统线路电压是否恢复正常	是□ 否□	
故障部件是否正常工作	是□ 否□	
系统功能是否恢复正常	是□ 否□	
维修工具是否整理归位	是□ 否□	
维修工位是否打扫干净	是□ 否□	
工作页是否填写完整	是□ 否□	

想一想：

定位系统故障,会影响车辆的哪些功能呢?

任务2 卫星定位系统的拆卸与安装

查阅相关资料或观察实训车辆,找出实训车辆卫星定位系统安装位置。找到位置后,在图 6-1-8 中圈出对应安装位置。

图 6-1-8 卫星定位系统安装位置

1.拆卸卫星定位系统

本任务需对车辆卫星定位系统进行拆卸。参照维修手册,按照标准步骤完成卫星定位系统的拆卸,并在表 6-1-6 中总结出操作要点。

卫星定位系统拆卸 表 6-1-6

序号	操作内容	注意事项	操作要点
1	铺设车辆防护用品	按需铺设,电动车辆应铺设绝缘防护用品	
2	拆卸车辆相关附件	按标准流程进行拆卸	
3	拆卸 GNSS 天线	拆卸车辆前后端中轴线位置的两个 GNSS 天线,并拆掉天线上的射频连接线	
4	拆卸 GNSS 接收器	GNSS 接收器底部具有磁性,直接固定在车辆上,用力拔出即可	

2.安装卫星定位系统

本任务需对车辆卫星定位系统进行安装。参照维修手册,按照标准步骤完成卫星定位系统的安装,并在表 6-1-7 中总结出操作要点。

卫星定位系统安装　　　　　　　　　　　　　　　　　　表 6-1-7

序号	操作内容	注意事项	操作要点
1	安装 GNSS 天线	前天线的射频连接线接入 GNSS 接收机 SEC 接口。后天线的射频连接线接入 GNSS 接收机 PRI 接口,将射频线分别连接至天线上	
2	安装 GNSS 接收器	将 GNSS 接收机上表面 X 轴与实验车辆前进方向保持一致	
3	连接 GNSS 与 IMU 的数据线	前后接收器各有一条数据线	
4	安装车辆相关附件	按标准流程进行安装	
5	整理及恢复	撤去相应防护设备	

任务 3　卫星定位系统参数配置

本任务需对车辆卫星定位系统进行参数配置。参照维修手册,按照标准步骤完成卫星定位系统的参数配置,并在表 6-1-8 中总结出操作要点。

卫星定位系统参数配置步骤　　　　　　　　　　　　　　表 6-1-8

序号	操作项目	操作内容	注意事项	操作要点
1	卫星导航定位系统杆臂值测量	Y 轴方向杆臂误差值测量	Y 轴方向的杆臂误差值是指后天线中心点垂直于 GNSS 接收机中心点 X 轴的距离	
		X 轴方向杆臂误差值测量	X 轴方向的杆臂误差值是指后天线中心点垂直于 GNSS 接收机中心点 Y 轴方向的距离	
		Z 轴方向杆臂误差值测量	Z 轴方向的杆臂误差值是指后天线中心点到 GNSS 接收机中心点的垂直高度	
2	卫星导航定位系统参数配置	导航模式配置设置	根据导航模式设置要求在控制台中输入配置命令,当发送完配置命令后,反馈配置状态字段为" $ cmd,config,ok * ff",说明配置成功	
		车载卫星导航定位系统协议输出配置	根据协议输出配置要求在控制台中输入配置命令;配置成功后,需要输入保存设置的指令" $ cmd,save,config * ff",对配置进行保存;输入当前协议输出配置状态命令" $ cmd,get,output * ff"验证协议,确认输出配置是否配置成功	
		车载卫星导航定位系统杆臂误差值及差分数据配置	RTK 的配置参数是差分数据服务商提供的,如果天线不是前后安装,而是采用左右安装,需要进行天线角度补偿设置;杆臂值参数按照"卫星导航定位系统杆臂值测量"操作步骤中记录的数值进行填写;参数填写完成配置后,将车载计算单元关机并进行整车下电再上电	

任务评价

完成表6-1-9所示学习情境评价表。

卫星定位系统学习情境评价表　　　　　　　　　　　表6-1-9

基本信息	姓名			学号		班级		组别	
	角色			任务			目标		
	规定时间			完成时间		考核日期		总评成绩	

	序号	实训步骤	评分标准	分值（分）	自评（分）	互评（分）	师评（分）	综合评分（分）
考核内容	1	准备工作	实训前期检查是否全面、到位	10				
	2	检查并穿戴防护用具,检查工具	检查是否全面规范穿戴护具,工具是否规范	10				
	3	卫星定位系统的故障检测	操作是否规范,步骤是否正确	15				
	4	卫星定位系统的拆卸与安装	操作是否规范,步骤是否正确	15				
	5	卫星定位系统参数配置	操作是否规范,步骤是否正确	15				
	6	7S管理	整理、整顿、清扫、清洁、素养、安全、节约	10				
	7	团队协作	成员是否配合默契	10				
	8	沟通表达	是否能沟通交流,是否正确表达意思	10				
	9	工单填写	填写是否正确规范	5				
教师评语								

任务总结

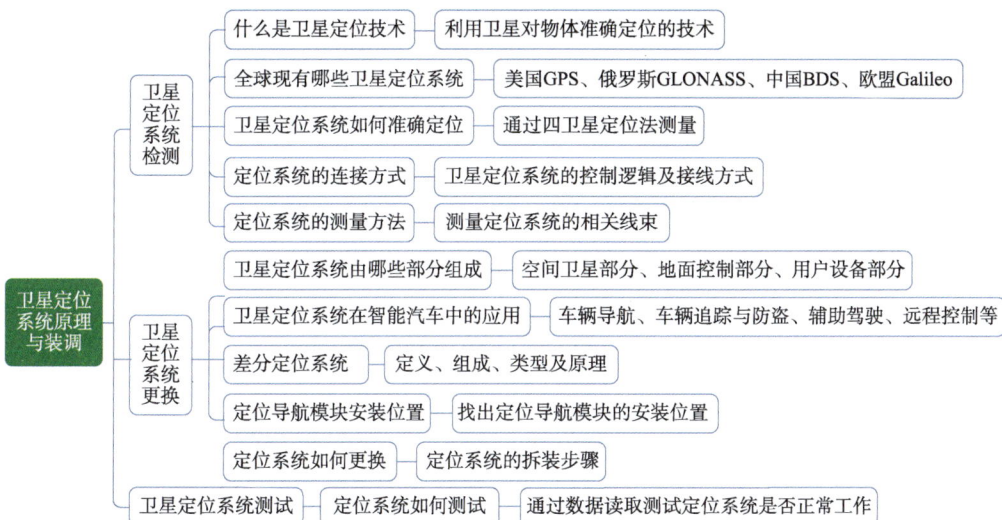

请写出完成本次任务的反思。

_____

_____

课后练习

一、单项选择题

1. 在目前的 4 大导航卫星系统中,具备短信通信功能的是(　　　　)。

   A. GPS　　　　　　B. BDS　　　　　　C. GLONASS　　　　　D. GALILEO

2. BDS 至少需要(　　　)颗卫星才能完成定位。

   A. 24　　　　　　　B. 6　　　　　　　C. 4　　　　　　　D. 2

3. 在智能汽车中使用的定位定向接收机类型是(　　　　)。

   A. 导航型接收机　　B. 授时型接收机　　C. 测地型接收机　　D. 定位型接收机

4. 下列系统中不是 DGPS 组成的是(　　　　)。

   A. 基准站　　　　　B. 主控站　　　　　C. 移动站　　　　　D. 用户

5. 我国北斗卫星完成 30 颗卫星发射、组网,全面建成北斗三号卫星导航系统,覆盖全球在(　　　)年。

   A. 1994　　　　　　B. 2000　　　　　　C. 2012　　　　　　D. 2020

二、填空题

1. 卫星定位系统通常由_____、_____和_____组成。

2. BDS 用户段包括基础产品、终端设备和_____。

3. 卫星定位的基本原理是_____。

4. 为提高定位精度,实际使用中需要利用_____颗以上的卫星信号。

5. 北斗卫星导航系统首次发射时间是_____年。

三、判断题

1. 中国的北斗卫星导航定位系统(BDS)具有定位和通信功能。 （　　）
2. BDS 的定位精度可以达到厘米级。 （　　）
3. 北斗卫星导航系统比 GPS 更先进。 （　　）
4. 卫星定位系统在智能汽车中只有导航功能。 （　　）
5. 目前世界上只有 GPS 和北斗两种卫星导航系统。 （　　）

学习任务二　惯性导航传感器原理及系统装调

任务导入

你是宇通智能网联汽车的售后维修技师,车辆导航功能出现了问题,需要对惯性导航传感器进行维修检测和拆装。请你在遵守车辆检测安全规则的情况下,制订合理的方案,完成惯性导航传感器及系统的检测,如果必要的话,还需要进行旧件拆卸和新件安装。希望你通过这次实践,不仅学会如何操作,更能体会到作为一名技师的责任和乐趣。准备好了吗? 让我们开始吧!

任务资讯

一、惯性导航传感器组成

惯性导航技术是利用陀螺仪和加速度计这两种惯性敏感器和相应的配套装置建立基准坐标系,通过测量载体加速度和角速度,利用牛顿运动定律自动推算载体的瞬时速度和位置信息而实现自主导航的技术。

惯性导航传感器主要由惯性测量单元(Inertial Measurement Unit, IMU)、信号预处理单元和机械力学编排模块三部分组成,如图 6-2-1 所示。

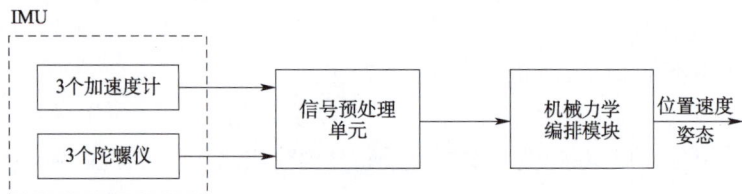

图 6-2-1　惯性导航传感器模块示意图

惯性传感器

1. 惯性测量单元(IMU)

IMU 用来检测加速度、倾斜、冲击、振动、旋转和多自由度运动,包括加速度传感器(Accelerometer)和陀螺仪(Gyroscopes),3 个相互正交的加速度计用来测量运动载体的加速度,3 个相互正交的单轴陀螺仪用来测量运动载体的角加速度。

IMU 结构如图 6-2-2 所示。

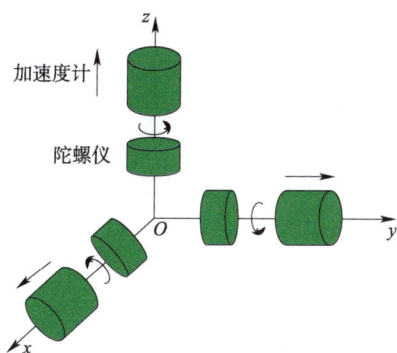

图 6-2-2　IMU 结构示意图

2. 信号预处理单元

信号预处理单元对惯性测量单元的输出信号进行信号调理、误差补偿并检查输出量范围等，以确保惯性单元正常的工作。

3. 机械力学编排模块

机械力学编排模块包含惯性导航系统的机械实体布局、采用的坐标系及求解方式三大部分，它表现在由惯性导航系统元件的输出信息到求解出载体实时速度和位置的过程中，将这个过程的解析表达式，称为力学编排方程。

二、惯性导航传感器分类

根据机械力学编排形式的不同，惯性导航系统可以分为平台式惯性导航系统（Gimbaled Inertial Navigation System，GINS）和捷联式惯性导航系统（Strap-down Inertial Navigation System，SINS）。

1. 平台式惯性导航系统

平台式惯性导航系统是将陀螺仪和加速度计等惯性测量单元通过支架平台与载体固连的惯性导航系统，主要由三轴陀螺稳定平台（包含陀螺仪）、加速度计、导航计算机、控制显示器等部分组成，如图 6-2-3 所示。其典型特征是三轴陀螺稳定平台，加速度计固定在平台上，其敏感轴与平行轴平行，平台的三根稳定轴模拟一种导航坐标系。

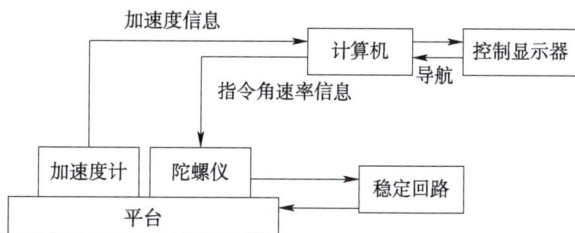

图 6-2-3　平台式惯性导航系统组成

惯性测量单元固定在平台台体上,系统的敏感轴能直接模拟导航坐标系,这就保证了敏感轴的准确指向,并且隔离了载体的角运动,给惯性测量单元提供了较好的工作环境,使得系统的精度较高,但平台台体也直接导致了系统存在结构复杂、体积大、制造成本高等不足。

2. 捷联式惯性导航系统

捷联式惯性导航系统是把惯性测量单元直接固连在载体上,用计算机来完成导航平台功能的惯性导航系统,主要由陀螺仪、加速度计、导航计算机、控制显示器等组成,如图6-2-4所示。

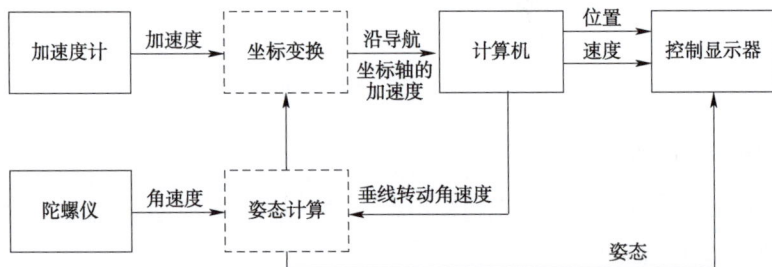

图 6-2-4　捷联式惯性导航系统组成

载体转动时,系统的敏感轴也随着转动,通过计算载体的姿态角就能确定出惯性测量单元敏感轴的指向,然后将惯性测量单元测量得到的载体运动信息变换到导航坐标系上即可进行航迹递推。

捷联式惯性导航系统除具有平台惯性导航系统的所有功能外,还增加了垂直导航功能,在结构上使用数学平台代替了机电平台。整体结构简单、质量轻、故障少、可靠性提高,但同时也对惯性测量单元和计算机的要求提高。出于成本控制考虑,当前自动驾驶领域常用捷联式惯性导航系统。

三、惯性导航传感器的工作原理

惯性导航系统是一种以陀螺仪和加速度计为感知元件的导航参数计算系统,应用航迹递推算法提供位置、速度和姿态等信息。汽车行驶数据的采集就是以陀螺仪和加速度计组成惯性测量单元来完成的。

惯性导航传感器基本工作原理是以牛顿力学定律为基础,通过测量载体在惯性参考系的加速度、角加速度,将它对时间进行一次积分,求得运动载体的速度、角速度,如式(6-2-1)所示,之后进行二次积分求得运动载体的位置信息,即偏移量 s,如式(6-2-2)所示,然后将其变换到导航坐标系,得到在导航坐标系中的速度、偏航角和位置信息等。

$$v = \int a\mathrm{d}t \tag{6-2-1}$$

$$s = \int v\mathrm{d}t = \iint a\mathrm{d}t\mathrm{d}t \tag{6-2-2}$$

式中:v——运动载体的速度,m/s;

　　a——运动载体的加速度,m/s^2;

　　s——运动载体的偏移量,m。

四、惯性导航传感器特点

1. 惯性导航传感器的优点

（1）隐蔽性强。由于惯性导航传感器是不依赖于任何外部信息，也不向外部辐射能量，故隐蔽性好，也不受外界电磁干扰的影响。

（2）可全天候、全时间地工作于空中、地球表面乃至水下。

（3）能提供位置、速度、航向和姿态角数据，所产生的导航信息连续性好而且噪声低。

（4）数据更新率高、短期精度和稳定性好，能够根据测量的少量状态信息推导出位置、速度、航行角等众多准确的信息，并且在一定时间内可以有效地保证数据传输的稳定性和一致性。

2. 惯性导航传感器的缺点

（1）长期精度不够。惯性导航传感器在一定的时间内可以有效地保证数据的准确，但是从其基本原理来看，它采用积分运算，等到一定的时间积累后，小的误差必然会积累成大的偏差。

（2）启动时间长。每一次惯性导航传感器开始运转时，必须要进行时间校准，如果这一步误差较大，就会导致积分运算出现很大的问题。然而时间校准耗时比较长，所以不太方便使用。

（3）设备的价格较昂贵。惯性导航传感器的诸多优点是建立在各类元器件性能优良的基础上的，导致总体价格过高。

> **想一想：**
> 惯性导航传感器具有哪些特点和优势？

五、惯性导航传感器在智能汽车中的应用

1. 辅助全球卫星导航系统进行高精度定位

在复杂的城市环境中，由于受地面高层建筑物的遮挡，卫星发出的信号无法覆盖全部的地方。在一些全球卫星导航系统信号丢失或者很弱的情况下（如隧道、高架桥、地下车库等），惯性导航系统可以及时启用，不依赖外界信息，使用自身携带的运动传感器和运动方程解算出真实的位置和速度信息，弥补全球卫星导航系统信号丢失造成的影响。在实际应用中，全球卫星导航系统和惯性导航系统联合进行高精度定位，使自动驾驶可以适应复杂的外在环境。

GPS 与惯性传感器的信息融合

2. 配合激光雷达进行定位

惯性导航系统为激光雷达的位置和脉冲发射的姿态提供高精度信息，帮助建立激光雷达云点的三维坐标系。在实际应用中，自动驾驶系统首先通过全球卫星导航系统得到初始位置信息，再通过惯性导航系统和车辆的编码器配合得到车辆的初始位置。其次，对激光雷达实时扫描单次的点云数据（包括其几何信息和语义信息）进行特征提取，并结合车辆初始位置进行

空间变化,获取基于全局坐标系下的矢量特征。最后,将初始位置信息、激光雷达提取的特征跟高精度地图的特征信息进行匹配,从而获取一个准确的定位。在该过程中,组合惯性导航系统提供给车辆的初始位置并建立激光雷达云点的坐标系起到了十分重要的作用。

3. 辅助主动车距控制巡航系统(ACC)预测路径

惯性导航系统与 ACC 联合预测路径并将该路径连接到障碍物的检测上,实现主动地车距控制。个别惯性导航装置还能做到在坡道上对车辆的姿态进行控制。该装置让低重力传感器利用向下的重力方向来确定倾斜度,使正在上坡的车辆不会向后滑动,进一步提高自动驾驶车辆的爬坡的稳定性。

六、组合导航系统认知

1. 组合导航系统概述

惯性导航传感器具有较强的自主性、保密性、灵活性,但产生的误差与使用的时间成正比,必须通过连续校准,才可以输出准确的姿态信息和位置信息。一般情况下,惯性导航系统需配合卫星定位系统对其进行校准,不会长时间单独工作。卫星定位系统定位较为精准,但至少需要同时接收 4 颗以上卫星才可实现定位,容易受到地形影响。同时,更新率低、信号易干扰等特点,也造成了卫星定位无法满足实时计算的要求。

根据上述内容可以看出,每种单一导航系统都有各自的独特性能和局限性,惯性导航系统不受外界干扰,短时间内可以提供精准的运动轨迹信息;卫星定位可以提供精准的位置信息,并为惯性导航系统提供精准的时空信息用于参数校准。如果把几种不同的单一系统组合在一起,就能利用多种信息源,互相补充,构成一种有多维度和导航准确度更高的多功能系统。组合导航系统(Integrated Navigation System, INS)就是这样一种利用计算机和数据处理技术将运载体上两种或两种以上导航设备组合在一起的导航系统。组合导航系统是用以解决导航定位、运动控制、设备标定对准等问题的信息综合系统,是网络化导航系统发展的必然趋势,具有高精度、高可靠性、高自动化程度的优点。

2. 组合导航系统分类

按照导航组合方式划分,组合导航系统常见的类型有如下几种:

(1)北斗卫星导航系统与惯性导航传感器组合。

(2)GPS 与惯性导航传感器组合。

(3)双差分 GPS 与惯性导航传感器组合。

3. 组合导航系统优点

相比单一导航系统,组合导航系统具有以下优点:

(1)能有效利用各导航子系统的导航信息,提高组合系统定位精度。例如,INS/GPS 组合导航系统能有效利用 INS 短时的精度保持特性以及 GPS 长时的精度保持特性,其输出信息精度均优于 INS 和 GPS 作为单一系统的导航信息精度。

(2)允许在导航子系统工作模式间进行自动切换,当某一部分出现故障,系统可以自动切换到另一种组合模式继续工作。

（3）可实现对各导航子系统及其元器件误差的校准，从而放宽了对导航子系统技术指标的要求。

4.组合导航与其他导航系统的对比

组合导航与其他导航系统的对比见表6-2-1。

组合导航与其他导航系统对比　　　　　　　　　　　　　表6-2-1

比较项目	惯性导航	卫星导航	组合导航
对卫星信号的依赖性	不依赖卫星信号	依赖卫星信号	无卫星信号时惯性导航系统仍能正常工作
工作时的隐蔽性	隐蔽性好,不受外界信号干扰	易受外界干扰	使用卫星导航时易受外界干扰
导航定位误差	随运动载体运行时间误差不断累积	误差与运动载体运行时间无关	惯性导航系统的误差可由卫星导航系统修正
能否提供载体的姿态、航向信息	可提供载体的姿态航向信息	单个终端无法提供载体姿态信息	能提供姿态信息
产品经济成本	价格昂贵	价格较低	价格较高

5.组合导航系统控制逻辑

组合导航系统集成了卫星定位和惯性导航功能。组合导航模块通过 GPS 天线获得定位信息,通过模块内部惯性单元获取车身状态信息,通过网络获得时钟信息。综合上述信息,组合导航系统将最终结果通过 USB 接口发送至决策模块中,用于实现导航等多种功能。组合导航系统接线如图 6-2-5 所示。

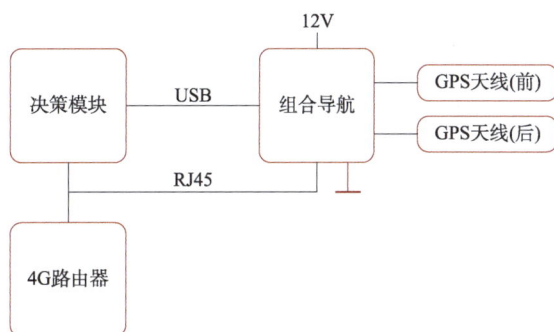

图 6-2-5　组合导航系统接线

七、我国惯性导航系统的发展情况

我国惯性导航系统的研制始于 20 世纪 50 年代末,当时国际形势复杂,我国决定自主研发导弹和航天技术,惯性导航系统作为其核心技术之一,被提上了研发日程。在极其艰苦的条件下,我国科研人员自力更生,攻克了一个又一个技术难题,成功研制出我国第一代惯性导航系统,为我国的导弹和航天事业奠定了基础。

随着我国经济的快速发展和科技水平的显著提高,惯性导航系统的研发进入了一个新的阶段。在国家政策的支持下,我国科研机构和企业加大了对惯性导航系统的研发投入,取得了一系列技术突破。同时,军民融合战略的实施,也为惯性导航技术的民用化提供了广阔的市场和应用场景。

近年来,我国惯性导航系统的研发已经走在了世界前列。我国科研人员不仅在惯性导航系统的基础理论、关键技术和工艺制造等方面取得了重大进展,而且在高精度、高可靠性、小型化等方面实现了自主创新。我国惯性导航系统的应用范围也从最初的军事领域,扩展到了航空、航天、航海、陆地交通等多个民用领域。

我国在惯性导航系统的关键技术——陀螺仪和加速度传感器的研发上,取得了显著成就。高精度的光纤陀螺仪和微机电系统(MEMS)加速度传感器的研发成功,使得我国惯性导航系统的精度和可靠性得到了大幅提升。这些技术的应用,不仅提高了我国武器装备的性能,也为民用领域的高精度导航提供了技术支持。

随着惯性导航技术的不断成熟,其在民用领域的应用也越来越广泛。在航空领域,惯性导航系统为飞机提供了精确的导航信息;在航天领域,它为卫星和宇宙飞船提供了稳定的轨道控制;在航海领域,它为船舶提供了精确的定位和导航;在陆地交通领域,它为无人驾驶车辆提供了关键的定位信息。这些应用不仅推动了相关产业的技术升级,也为我国经济的发展提供了新的动力。

我国惯性导航系统的发展,是一代代科研人员和技术人员辛勤工作、无私奉献的结果。它不仅体现了我国在高端技术领域的自主创新能力,也展示了我国科技实力的快速提升。作为未来的技术人才,学生们应该以这些科研人员为榜样,努力学习科学文化知识,提高自身素质,为我国惯性导航系统的发展和国家科技进步贡献自己的力量。同时,也应该意识到,惯性导航系统的发展不仅仅是技术问题,更是国家战略和国家安全的重要组成部分,需要我们共同维护和推动。

> **想一想:**
> 查询更多的资料,与同学分享我国组合导航系统发展的最新趋势。

🛠 任务实施

一、任务准备

准备组合导航模块测量所需的用品和工具设备,见表6-2-2。

工作准备　　　　　　　　　　　　　　　　　　　　　　　表6-2-2

类别	所需物料
车辆防护用品	绝缘垫(编号)、隔离带、高压警示牌、绝缘手套、绝缘鞋、护目镜、车内防护用品、翼子板布
测试仪器、设备	万用表、拆装工具套装、网线检测仪、卷尺、直尺、实训车辆、计算机

二、实操演练

任务1　组合导航系统的故障检测

1. 组合导航系统的硬件检查

以实训车辆为例,检查组合导航系统外观及安装状态,检查结果见表6-2-3。

组合导航系统外观及安装状态检查　　　　表6-2-3

序号	检查项目	检查内容	是否正常	维修建议
1	GPS天线外观	外壳是否破损	是□　否□	更换GPS天线
		是否有进水痕迹	是□　否□	
		是否有敲击痕迹	是□　否□	
2	导航模块外观检查	外壳是否破损	是□　否□	更换导航模块
		是否有进水痕迹	是□　否□	
		是否有敲击痕迹	是□　否□	
3	安装位置检查	GPS天线安装位置是否正确	是□　否□	重新安装调整
		GPS天线附近有无干扰源	是□　否□	
		导航模块安装位置是否正确	是□　否□	
		安装是否紧固	是□　否□	
		固定底座是否变形	是□　否□	
4	组合导航线束接口	接口是否存在虚接、破损、进水以及异物等情况	是□　否□	更换或修复
5	组合导航系统线束	线束是否存在破损、折断、烧蚀等情况	是□　否□	更换或修复

2. 拆画电路图

查阅相关维修手册,在下框中画出组合导航系统的相关电路图。

3. 测量组合导航系统线路

以实训车辆为例,测量车辆组合导航系统数据,并将检测结果及维修建议填入表6-2-4中。

组合导航系统线路测量 表6-2-4

序号	检测项目	检测内容	检测工具	检测结果	标准值	是否正常	维修建议
1	供电线路	电压	万用表		12V	是□ 否□	
2	搭铁线路	电阻	万用表		<1Ω	是□ 否□	
3	GPS 信号(前)	电阻	万用表		<1Ω	是□ 否□	
4	GPS 信号(后)	电阻	万用表		<1Ω	是□ 否□	
5	网线	通断	网线检测仪		信号导通	是□ 否□	

4. 维修结果检验

根据表6-2-4测量结果对故障部位进行维修,维修后重新对该功能进行检验,并将检验结果记录在表6-2-5中。

维修结果检验 表6-2-5

检查项目	检查结果	操作要点
组合导航系统线路是否恢复正常	是□ 否□	
组合导航系统线路电压是否恢复正常	是□ 否□	
故障部件是否正常工作	是□ 否□	
系统功能是否恢复正常	是□ 否□	
维修工具是否整理归位	是□ 否□	
维修工位是否打扫干净	是□ 否□	
工作页是否填写完整	是□ 否□	

想一想:

组合导航系统故障,会影响车辆的哪些功能呢?

任务2 组合导航系统的拆卸与安装

查阅相关资料或观察实验车辆,找出实验车辆组合导航系统安装位置。找到位置后,在图6-2-6中圈出对应安装位置。

图6-2-6 组合导航系统安装位置

1. 拆卸组合导航系统

本任务需对车辆组合导航系统进行拆卸。参照维修手册,按照标准步骤完成组合导航系统的拆卸,并在表 6-2-6 中总结出操作要点。

组合导航系统拆卸

表 6-2-6

序号	操作内容	注意事项	操作要点
1	铺设车辆防护用品	按需铺设,电动车辆应铺设绝缘防护用品	
2	拆卸车辆相关附件	按标准流程进行拆卸	
3	拆卸 GPS 连接组合惯性导航的数据线	前后 GPS 接收器共有数据线	
4	拆卸 GPS 接收器	GPS 接收器底部具有磁性,直接固定在车辆上,用力拔出即可	
5	拔掉 IMU 固定螺栓	IMU 共有 4 个固定螺栓	
6	拔掉 IMU 与 4G 路由器接口以及工控机的 USB 接口	—	

2. 安装组合导航系统

本任务需对车辆组合导航系统进行安装。参照维修手册,按照标准步骤完成组合导航系统的安装,并在表 6-2-7 中总结出操作要点。

组合导航系统安装

表 6-2-7

序号	操作内容	注意事项	操作要点
1	安装固定 IMU	IMU 共有 4 个固定螺栓,IMU 安装在车辆后轴中心线上	
2	安装 GPS 接收器	分别为车辆前部与后部接收器,安装位置确定	
3	连接 IMU 与 4G 路由器以及工况机的数据线	—	
4	连接 GPS 与 IMU 的数据线	前后接收器各有一条数据线	
5	安装车辆相关附件	按标准流程进行安装	
6	整理及恢复	撤去相应防护设备	

任务 3　组合导航系统测试

更换组合导航模块后,需要对组合导航系统进行数据读取测试,用以验证组合导航模块是否可以正常工作。通过计算机程序为已更换组合导航模块的实训车进行数据读取测试,判断其是否正常工作。测试流程如图 6-2-7 所示。

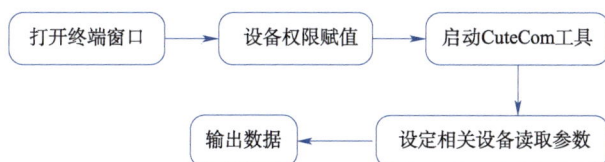

图 6-2-7　组合导航系统测试流程

根据上述知识内容及相关维修手册,按标准步骤完成组合导航系统测试,见表6-2-8。

组合导航系统测试步骤　　　　　　　　　　　　　　表6-2-8

序号	操作项目	操作内容	操作要点
1	打开终端窗口	快捷键:Ctrl + Alt + T	
2	设备权限赋值	输入:sudo chmod 777 /dev/ttyUSB0	
3	重复设备权限赋值	输入:sudo chmod 777 /dev/ttyUSB1	
4	启动 CuteCom 工具	输入:Cutecom	
5	设定相关设备读取参数	在"Device"处,选择"/dev/ttyUSB1"设备,点击"Settings"	
6	设定相关设备读取参数	点击"Baundrate",选择"Custom",将其改成"230400"	
7	输出数据	点击"Open"启动设备,输出组合导航系统相关数据	

任务评价

完成表6-2-9所示学习情境评价表。

组合导航系统原理与装调学习情境评价表　　　　　　表6-2-9

基本信息	姓名		学号		班级			组别	
	角色		任务			目标			
	规定时间		完成时间		考核日期			总评成绩	

	序号	实训步骤	评分标准	分值（分）	自评（分）	互评（分）	师评（分）	综合评分（分）
考核内容	1	准备工作	实训前期检查是否全面、到位	10				
	2	检查并穿戴防护用具,检查工具	检查是否全面规范穿戴护具,工具是否规范	10				
	3	组合导航系统的故障检测	操作是否规范,步骤是否正确	15				
	4	组合导航系统的拆卸与安装	操作是否规范,步骤是否正确	15				
	5	组合导航系统测试	操作是否规范,步骤是否正确	15				
	6	7S 管理	整理、整顿、清扫、清洁、素养、安全、节约	10				
	7	团队协作	成员是否配合默契	10				
	8	沟通表达	是否能沟通交流,是否正确表达意思	10				

续上表

考核内容	序号	实训步骤	评分标准	分值(分)	自评(分)	互评(分)	师评(分)	综合评分(分)
	9	工单填写	填写是否正确规范	5				
教师评语								

任务总结

什么是惯性导航技术 —— 利用牛顿力学定律自动推算载体瞬时速度和位置信息的自主导航技术

组合惯性导航系统检测
- 惯性导航系统分类 —— 平台式惯性导航系统、捷联式惯性导航系统
- 惯性导航系统工作原理 —— 基于牛顿力学定律
- 组合惯性导航系统的连接方式 —— 组合惯性导航系统的控制逻辑及接线方式
- 组合惯性导航系统的测量方法 —— 组合惯性导航系统的相关线束

组合惯性导航系统更换
- 惯性导航系统组成 —— 惯性测量单元IMU、信号预处理单元、机械力学编排
- 惯性导航系统特点 —— 隐蔽性强、全天候、全天时、数据更新率高等
- 组合导航系统认知 —— 定义、分类、优点、控制逻辑
- 定位导航模块安装位置 —— 找出定位导航模块的安装位置
- 定位系统如何更换 —— 定位系统的拆装步骤

惯性导航传感器原理及系统装调

组合惯性导航系统测试 —— 组合惯性导航系统如何测试 —— 通过数据读取测试组合惯性导航系统是否正常工作

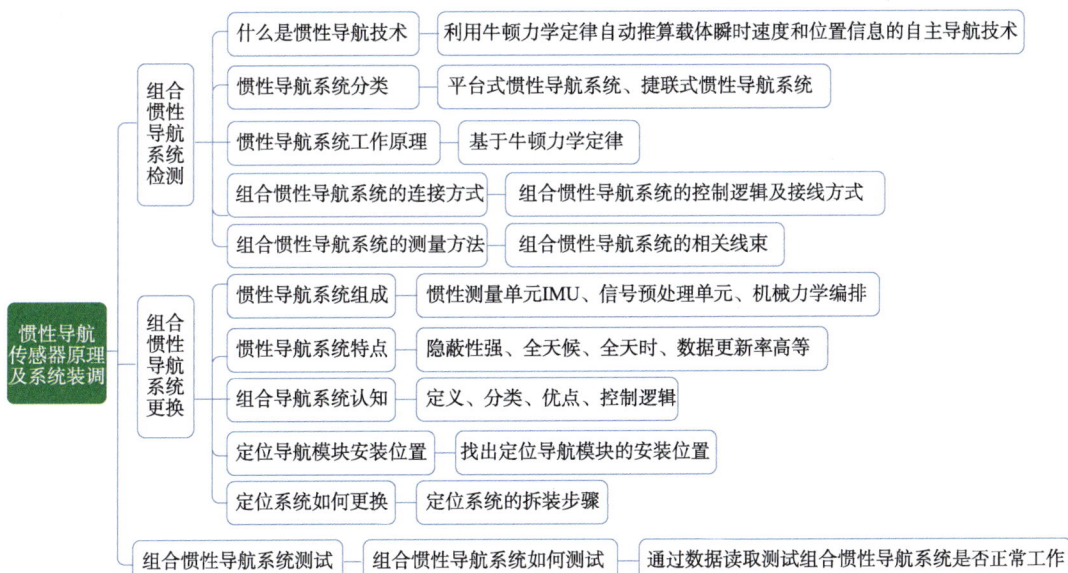

请写出完成本次任务的反思。

_____

_____

课后练习

一、单项选择题

1. 惯性导航系统中的 IMU 是用来检测哪些参数的？（　　　）

　　A. 速度和位置　　　　　　　　B. 加速度和倾斜

　　C. 角速度和角加速度　　　　　D. 温度和压力

2. 组合导航系统的主要优点不包括以下哪项？（　　　）

    A. 提高定位精度

    B. 实现对各导航子系统及其元器件误差的校准

    C. 完全依赖卫星信号

    D. 允许在导航子系统工作模式间进行自动切换

3. 组合导航系统的硬件检查中,以下哪项不是检查内容?(　　)

    A. 外壳是否破损   B. 是否有进水痕迹

    C. 是否有敲击痕迹   D. 车辆的油耗情况

4. 在组合导航系统的故障检测中,以下哪项不是检查项目?(　　)

    A. GPS 天线外观   B. 导航模块外观

    C. 轮胎磨损情况   D. 安装位置

5. 以下哪项不是惯性导航系统的优点?(　　)

    A. 隐蔽性强   B. 可全天候、全时间工作

    C. 长期精度高   D. 能提供位置、速度、航向和姿态角数据

二、填空题

1. 惯性导航系统主要由惯性测量单元(IMU)、_____和机械力学编排模块三部分组成。

2. 惯性导航系统根据机械力学编排形式的不同,可以分为平台式惯性导航系统(GINS)和_____惯性导航系统(SINS)。

3. IMU 用来检测加速度、倾斜、冲击、振动、旋转和多自由度运动,包括_____和陀螺仪。

4. 组合导航系统测试步骤中,需要设定相关设备读取参数,在"Device"处选择"/dev/tty-USB1"设备,点击"Settings",点击"Baundrate",选择"Custom",将其改成_____。

5. 组合导航系统的拆卸步骤中,需要拆卸 GPS 连接组合惯性导航的_____。

三、判断题

1. 惯性导航系统是一种依赖外部信息的导航技术。(　　)

2. 组合导航系统(INS)不能在无卫星信号的情况下工作。(　　)

3. 惯性导航系统可以提供位置、速度、航向和姿态角数据,但数据更新率低。(　　)

4. 组合导航系统相比单一导航系统,不能实现对各导航子系统及其元器件误差的校准。(　　)

5. 平台式惯性导航系统(GINS)的敏感轴能直接模拟导航坐标系。(　　)

参 考 文 献

［1］陈宁,徐树杰.智能汽车传感器技术［M］.北京:机械工业出版社,2020.

［2］罗洋坤,王海川.智能网联汽车智能传感器安装与调试［M］.北京:机械工业出版社,2022.

［3］黄汉军,朱红权.智能汽车传感器检测［M］.北京:机械工业出版社,2023.

［4］高仁璟,赵剑,王奇.汽车传感器原理与应用［M］.北京:机械工业出版社,2023.

［5］吴建平,彭颖.传感器原理及应用［M］.4 版.北京:机械工业出版社,2021.